Muriel Langlois-Choquette

Langue et communication écrite

D0480993

BILAN

orthographique et grammatical

L'autocorrecteur

Achetez en ligne*
www.cheneliere.ca

* Résidants du Canada
seulement.

**gaëtan morin
éditeur**

CHENELIÈRE ÉDUCATION

BILAN orthographique et grammatical
L'autocorrecteur

Muriel Langlois-Choquette

© Les Éditions Françaises inc., 1993
© gaëtan morin éditeur ltée, 1998

Maquette intérieure : Violette Vaillancourt
Mise en pages : Mégatexte
Révision linguistique : François Morin
Correction d'épreuves : Claire LeBlanc

Données de catalogage avant publication (Canada)

Langlois-Choquette, Muriel, 1943-

BILAN orthographique et grammatical. L'autocorrecteur

ISBN 2-89105-710-4

1. Français (Langue) – Grammaire – Problèmes et exercices.
2. Français (Langue) – Orthographe – Problèmes et exercices.
I. Titre.

PC2112.L3483 2000 Suppl.   448.2'076   C98-941208-3

gaëtan morin
éditeur

CHENELIÈRE ÉDUCATION

7001, boul. Saint-Laurent
Montréal (Québec)
Canada H2S 3E3
Téléphone : (514) 273-1066
Télécopieur : (514) 276-0324
info@cheneliere.ca

ISBN 2-89105-710-4

Dépôt légal : 3ᵉ trimestre 1998
Bibliothèque nationale du Québec
Bibliothèque nationale du Canada

Imprimé au Canada

8 9 10 11 12 ITG 14 13 12 11 10

Nous reconnaissons l'aide financière du gouvernement du Canada par l'entremise du Programme d'aide au développement de l'industrie de l'édition (PADIÉ) pour nos activités d'édition.

L'Éditeur a fait tout ce qui était en son pouvoir pour retrouver les copyrights. On peut lui signaler tout renseignement menant à la correction d'erreurs ou d'omissions.

DANGER

LE PHOTOCOPILLAGE TUE LE LIVRE

TABLE DES MATIÈRES

ORTHOGRAPHE GRAMMATICALE : LES HOMOPHONES

ORTHOGRAPHE LEXICALE : ACTIVITÉS

ÉVALUATION FORMATIVE : TEXTES À CORRIGER

ÉVALUATION FINALE

SYNTAXE

1 Voici des ensembles de phrases simples. Reliez ces phrases simples au moyen d'une conjonction ou d'une locution conjonctive de coordination qui marque le rapport de sens indiqué.

a Beaucoup de consommateurs veulent se procurer un ordinateur. Des soldes intéressants sont annoncés. Il faut en profiter.

Rapport de sens : **transition** et **conséquence**.

Exemple de réponse possible :
Beaucoup de consommateurs veulent se procurer un ordinateur, or des soldes intéressants sont annoncés, il faut donc en profiter.

b Les policiers sont arrivés sur les lieux de l'accident le plus rapidement possible. Il était malheureusement trop tard.

Rapport de sens : **opposition**.

Exemple de réponse possible :
Les policiers sont arrivés sur les lieux de l'accident le plus rapidement possible, mais il était malheureusement trop tard.

c Sa participation est très attendue. N'est-elle pas la meilleure ?

Rapport de sens : **cause**.

Exemple de réponse possible :
Sa participation est très attendue, car n'est-elle pas la meilleure ?

d Peut-être se rendra-t-il à Québec. Il est tout seul en fin de semaine. Isabelle est allée voir sa mère à Trois-Rivières.

Rapport de sens : **cause**.

Exemple de réponse possible :
Peut-être se rendra-t-il à Québec, en effet il est tout seul en fin de semaine, car Isabelle est allée voir sa mère à Trois-Rivières.

e Roch entend la voiture rouler dans l'entrée. Marc, avec de nombreuses heures de retard, arrive enfin !

Rapport de sens : **conséquence**.

Exemple de réponse possible :
Roch entend la voiture rouler dans l'entrée, donc Marc, avec de nombreuses heures de retard, arrive enfin !

f Suzanne et Pierre aiment particulièrement les films policiers. Ils ne peuvent malheureusement en voir souvent. Le cinéma de leur village ne présente que des films sentimentaux.

Rapport de sens : **transition** et **cause**.

Exemple de réponse possible :
Suzanne et Pierre aiment particulièrement les films policiers, or ils ne peuvent malheureusement en voir souvent, car le cinéma de leur village ne présente que des films sentimentaux.

g   Hélène aime beaucoup jardiner. Ses quatre enfants ne lui en laissent pas le loisir souvent.

Rapport de sens : **opposition**.

Exemple de réponse possible :
Hélène aime beaucoup jardiner, toutefois ses quatre enfants ne lui en laissent pas le loisir souvent.

h   Sans doute Luc te donnera-t-il rendez-vous. S'il ne le peut pas, il te téléphonera.

Rapport de sens : **alternative**.

Exemple de réponse possible :
Sans doute Luc te donnera-t-il rendez-vous ou s'il ne le peut pas, il te téléphonera.

i   Annie rêve de s'inscrire en médecine. Les critères d'admission sont très sélectifs. Elle ne ménage pas ses efforts.

Rapport de sens : **transition** et **conséquence**.

Exemple de réponse possible :
Annie rêve de s'inscrire en médecine, or les critères d'admission sont très sélectifs, aussi ne ménage-t-elle pas ses efforts.

---

2 **Récrivez cinq phrases de l'exercice no 1 qui gagneraient en légèreté si la coordination était marquée par les deux points.**

— *Beaucoup de consommateurs veulent se procurer un ordinateur, or des soldes intéressants sont annoncés : il faut en profiter.*
— *Sa participation est très attendue : n'est-elle pas la meilleure ?*
— *Peut-être se rendra-t-il à Québec : il est tout seul en fin de semaine, car Isabelle est allée voir sa mère à Trois-Rivières.*
— *Roch entend la voiture rouler dans l'entrée : Marc, avec de nombreuses heures de retard, arrive enfin !*
— *Suzanne et Pierre aiment particulièrement les films policiers, or ils ne peuvent malheureusement en voir souvent : le cinéma de leur village ne présente que des films sentimentaux.*

L'EMPLOI DES PRONOMS RELATIFS

1 Complétez chacune des phrases suivantes à l'aide du pronom relatif qui convient. Pour ce faire, cinq étapes à suivre :
— reconstruisez les phrases simples présentes dans la phrase donnée ;
— reconnaissez les deux groupes du nom identiques ;
— déterminez la fonction du groupe du nom à remplacer par le pronom relatif ;
— identifiez s'il s'agit d'un nom de personne ou de chose ;
— donnez au pronom relatif le genre et le nombre de son antécédent.

a Ces messages publicitaires *auxquels* on a ajouté des ingrédients d'un goût douteux n'ont guère fait l'unanimité chez les consommateurs.

Les deux phrases simples sont :

Ces messages publicitaires n'ont guère fait l'unanimité chez les consommateurs.
On a ajouté des ingrédients d'un goût douteux à ces messages publicitaires.

« *ces messages publicitaires* » se retrouve dans les deux phrases.
« *ces messages publicitaires* » est *un complément d'objet indirect.*
« *messages* » est *un nom de chose.*

Le pronom relatif à utiliser est **lequel** + *la préposition* **à**.

b Les exigences de la mise en marché sont telles qu'il devient impossible de proposer des produits *dont* on n'a pas auparavant mesuré l'exacte qualité.

Les deux phrases simples sont :

Les exigences de la mise en marché sont telles qu'il devient impossible de proposer des produits.
On n'a pas auparavant mesuré l'exacte qualité des produits.

« *des produits* » se retrouve dans les deux phrases.
« *des produits* » est *un complément du nom.*
« *produits* » est *un nom de chose.*

Le pronom relatif à utiliser est **dont**.

c Les usagers sont de plus en plus nombreux à se préoccuper de ces retards *qui* autrefois ne faisaient l'objet d'aucun commentaire.

Les deux phrases simples sont :

Les usagers sont de plus en plus nombreux à se préoccuper de ces retards.
Ces retards autrefois ne faisaient l'objet d'aucun commentaire.

« *ces retards* » se retrouve dans les deux phrases.
« *ces retards* » est *un sujet.*
« *retards* » est *un nom de chose.*

Le pronom relatif à utiliser est **qui**.

d Aux branches du gros érable, on a fixé une balançoire *à laquelle* les larges feuilles de l'arbre font une voûte verdoyante.

Les deux phrases simples sont :

Aux branches du gros érable, on a fixé une balançoire.
Les larges feuilles de l'arbre font une voûte verdoyante à la balançoire.

« *une balançoire* » se retrouve dans les deux phrases.
« *à la balançoire* » est *un complément d'objet indirect*.
« *balançoire* » est *un nom de chose*.

Le pronom relatif à utiliser est **à laquelle**.

e   Notre réception, *pour laquelle* le comité des fêtes avait tant travaillé et *à laquelle* on avait convié des personnalités prestigieuses, fut un succès.

Les trois phrases simples sont :

Notre réception fut un succès.
Le comité des fêtes avait tant travaillé pour cette réception.
On avait convié des personnalités prestigieuses à cette réception.

« *réception* » se retrouve dans les trois phrases.
« *pour cette réception* » est *un complément d'objet indirect.*
« *réception* » est *un nom de chose.*

Le pronom relatif à utiliser est **lequel** + *la préposition* **pour**.

« *à cette réception* » est *un complément d'objet indirect.*
« *réception* » est *un nom de chose.*

Le pronom relatif à utiliser est **lequel** + *la préposition* **à**.

f   Cette région, *d'où* j'arrive justement et *qui* est le centre d'une activité touristique importante, a connu un regain de vie grâce à l'exploitation des cours d'eau *dont* on avait mal évalué d'abord les possibilités.

Les quatre phrases simples sont :

Cette région a connu un regain de vie grâce à l'exploitation des cours d'eau.
J'arrive justement de cette région.
Cette région est le centre d'une activité touristique importante.
On avait mal évalué d'abord les possibilités des cours d'eau.

« *cette région* » se retrouve dans trois phrases.
« *de cette région* » est *un complément circonstanciel de lieu.*
« *région* » est *un nom de chose.*

Le pronom relatif à utiliser est **où** + *la préposition* **d'**.

« *cette région* » est *un sujet.*
« *région* » est *un nom de chose.*

Le pronom relatif à utiliser est **qui**.

« *des cours d'eau* » se retrouve dans les deux phrases.
« *des cours d'eau* » est *un complément du nom.*
« *cours d'eau* » est *un nom de chose.*

Le pronom relatif à utiliser est **dont**.

2 Complétez chacune des phrases suivantes à l'aide du pronom relatif qui convient.

a Voilà une situation *dont* la complexité, *de laquelle* plusieurs s'étaient moqués, en effraierait pourtant d'autres plus avertis.

b La neige *que* nous avons tant souhaitée et *qui* est finalement tombée nous a remplis d'une fébrilité folle.

c Marie, *dont* la tâche consiste à trouver l'argent *qui* ou *lequel* servira à payer les décors de la prochaine production théâtrale, a sollicité de nombreux commanditaires.

d Cette clairière, *dont* nous connaissons les moindres recoins et *qui* permet de découvrir à chaque pas une variété différente de fleurs sauvages, fait actuellement l'objet de spéculations.

e Son agenda, *où* il biffe chaque jour les tâches remplies et *où* il note soigneusement tous ses rendez-vous, témoigne éloquemment de l'importance de son activité.

f L'immeuble de deux étages, *dans lequel* se trouve un restaurant *où* on mange une nourriture excellente, a pour vocation de recevoir des étrangers *dont* l'accueil est assuré par de nombreux bénévoles.

g Chloé était heureuse de constater le sérieux *avec lequel* Anne, *contre laquelle* elle venait tout juste de se fâcher, l'écoutait lui exposer les raisons de son emportement.

h Son jeune chien, *pour lequel* elle éprouvait déjà une grande affection et *auquel* elle tenait beaucoup, fut écrasé par une voiture *dont* la vitesse excessive avait révolté les témoins de l'accident.

i Les dirigeants de l'entreprise avaient fourni à l'équipe de consultants, *à laquelle* j'appartiens et *à laquelle* ils avaient confié la responsabilité d'un dossier fort délicat, des informations confidentielles *dont* nous leur fûmes reconnaissants.

j De larges dressoirs, *où* attendaient des salades variées *qui* menaçaient de se faner, avaient été placés le long du mur pour permettre aux invités, *que* la faim tenaillait, d'attendre l'ouverture des portes de la salle à manger.

3 Voici des ensembles de phrases simples. Effectuez les transformations nécessaires pour faire de chaque ensemble une phrase complexe comportant une ou plusieurs subordonnées relatives. À la suite de certains ensembles, vous trouverez des indications à suivre.

a Depuis le lever du jour, mon amie Julie se prépare à passer son examen. Cet examen est très important pour elle. Mon amie Julie veut être admise en psychologie.
(Il vous faut deux relatives dont une sera explicative.)

Depuis le lever du jour, mon amie Julie, qui veut être admise en psychologie, se prépare à passer un examen qui est très important pour elle.

b François a offert à Sophie un tableau de Jeannine Bourret. Sophie en rêvait depuis des mois. François a acheté ce tableau à Weedon.
(Il vous faut deux relatives dont une sera explicative.)

François a offert à Sophie, qui en rêvait depuis des mois, un tableau de Jeannine Bourret qu'il a acheté à Weedon.

c Un camion a donné violemment contre une muraille rocheuse qui bordait l'autoroute. Ce camion appartenait à une compagnie de pâtes et papiers. La direction de ce camion avait été faussée.
(Il vous faut deux relatives coordonnées par la conjonction *et*.)

Un camion qui appartenait à une compagnie de pâtes et papiers et dont la direction avait été faussée a donné violemment contre une muraille rocheuse qui bordait l'autoroute.

d À la suite de plaintes répétées, le sentier a été balisé. Ces plaintes sont parfaitement justifiées. Ce sentier mène au lac. De nombreux riverains empruntent ce sentier.
(Il vous faut trois relatives : une relative explicative introduite par un dérivé du pronom *lequel* ; deux relatives coordonnées.)

À la suite de plaintes répétées, lesquelles sont parfaitement justifiées, le sentier qui mène au lac et qu'empruntent de nombreux riverains a été balisé.

e Récemment, des médecins ont découvert un nouveau médicament. La réputation de ces médecins n'est plus à faire. Ce médicament réussira peut-être, un jour, à diminuer le nombre de décès dus au cancer.

Récemment, des médecins, dont la réputation n'est plus à faire, ont découvert un nouveau médicament qui réussira peut-être, un jour, à diminuer le nombre de décès dus au cancer.

f Mon professeur de français enseigne aussi l'histoire. On apprécie chaque jour la compétence de ce professeur de français. Le directeur de l'école s'adresse à lui en ce moment. L'histoire fut toujours ma matière préférée.

Mon professeur de français, dont on apprécie chaque jour la compétence et à qui s'adresse en ce moment le directeur de l'école, enseigne aussi l'histoire, qui fut toujours ma matière préférée.

g La ville de Trois-Rivières a été vivement appréciée par un nombre important de congressistes. Se tenait là, il y a quelques mois, le congrès annuel de l'Association québécoise des professeurs de sciences. L'hospitalité de Trois-Rivières est proverbiale. Un nombre important de congressistes étaient venus, pour l'occasion, de tous les coins de la province.

La ville de Trois-Rivières, où se tenait, il y a quelques mois, le congrès annuel de l'Association québécoise des professeurs de sciences et dont l'hospitalité est proverbiale, a été vivement appréciée par un nombre important de congressistes qui étaient venus, pour l'occasion, de tous les coins de la province.

3

L'EMPLOI DES SUBORDONNANTS

APPLIQUER des pages 33 à 35

1 Voici des ensembles de phrases simples. Dans chaque cas, reliez les phrases par un subordonnant exprimant le rapport de sens indiqué.

a Elle était grippée. Ma mère n'a pu venir entendre Louis Lortie en récital.

Cause : Exemple de réponse possible :
Parce qu'elle était grippée, ma mère n'a pu venir entendre Louis Lortie en récital.

Conséquence : Exemple de réponse possible :
Ma mère était si grippée qu'elle n'a pu venir entendre Louis Lortie en récital.

b Les résultats aux examens seront publiés. Les étudiants s'inscriront aux activités pédagogiques de la session d'hiver.

Temps : Exemple de réponse possible :
Aussitôt que les résultats aux examens seront publiés, les étudiants s'inscriront aux activités pédagogiques de la session d'hiver.

Cause : Exemple de réponse possible :
Parce que les résultats aux examens seront publiés, les étudiants s'inscriront aux activités pédagogiques de la session d'hiver.

c Ils ne doutent pas d'avoir réussi. Ils éprouvent quelque appréhension à la perspective de voir afficher les résultats.

Concession : Exemple de réponse possible :
Bien qu'ils ne doutent pas d'avoir réussi, ils éprouvent quelque appréhension à la perspective de voir afficher les résultats.

d Notre premier rendez-vous est gravé à jamais dans ma mémoire. Il est imprimé là en lettres indélébiles.

Comparaison : Exemple de réponse possible :
Notre premier rendez-vous est gravé à jamais dans ma mémoire comme s'il était imprimé là en lettres indélébiles.

e Mon frère aîné satisfait pleinement aux exigences. Il a tout aussitôt proposé sa candidature.

Conséquence : Exemple de réponse possible :
Mon frère aîné satisfait pleinement aux exigences de sorte qu'il a tout aussitôt proposé sa candidature.

Cause : Exemple de réponse possible :
Parce qu'il satisfait pleinement aux critères exigés, mon frère aîné a tout aussitôt proposé sa candidature.

f Le spectacle était parfaitement rodé. Il n'eut pas le succès attendu.

Concession : Exemple de réponse possible :
Bien que le spectacle ait été parfaitement rodé, il n'eut pas le succès attendu.

g Ils étaient épuisés par le décalage horaire. Les joueurs furent contraints de déclarer forfait.

Cause : Exemple de réponse possible :
Parce qu'ils étaient épuisés par le décalage horaire, les joueurs furent contraints de déclarer forfait.

h Le temps reste au beau fixe. L'enneigement s'avère idéal. Nous nous offrirons une splendide journée de ski.

Condition : Exemple de réponse possible :
Si le temps reste au beau fixe et si l'enneigement s'avère idéal, nous nous offrirons une splendide journée de ski.

i L'avenir est incertain pour plusieurs. Restons optimistes. Il y a toujours une place au soleil pour quiconque veut réussir.

Concession et **cause** : Exemple de réponse possible :
Bien que l'avenir soit incertain pour plusieurs, restons optimistes parce qu'il y a toujours une place au soleil pour quiconque veut réussir.

2 **Complétez chacune des phrases suivantes en ajoutant les subordonnants qui conviennent. Précisez ensuite la nature du rapport de sens exprimé par ces subordonnants.**

a ① *Aussitôt que* les travaux de rénovation seront terminés, mes parents emménageront dans leur nouvel appartement de Québec, ② *bien que* ce déménagement entraîne un tas d'inconvénients à cette époque-ci de l'année.
(Autres réponses possibles.)

Rapports de sens : ① *temps*
                     ② *concession*

b ① *Sans qu'*elle le veuille, ces paroles, qu'elle avait jugées inoffensives, avaient blessé son ami. Il n'arrivait pas à les oublier ② *bien qu'*elle lui ait multiplié ses excuses.
(Autres réponses possibles.)

Rapports de sens : ① *manière*
                     ② *concession*

c ① *Vu que* les vacances seront bientôt là, reprends courage et prépare avec ardeur tes examens ② *afin que* ta réussite te console de tous les efforts investis.
(Autres réponses possibles.)

Rapports de sens : ① *cause*
                     ② *but*

d ① *Comme* nous l'avait affirmé notre professeur, l'émission sur les conséquences de la hausse du taux de criminalité sera retransmise, ② *afin que* tous soient sensibilisés à cette menace qui pèse sur notre société ③ *si* personne ne consent à s'en préoccuper.
(Autres réponses possibles.)

Rapports de sens : ① *comparaison*
                     ② *but*
                     ③ *condition*

e ① *Quand* elle va à la chasse, Caroline a tant de mal à se résoudre à tirer ② *qu'*elle a décidé de ne plus jamais y aller, ③ *parce que* la vie d'un petit animal est, pour elle, plus importante que son plaisir.
(Autres réponses possibles.)

Rapports de sens : ① *temps*
                     ② *conséquence*
                     ③ *cause*

f ① *Quoiqu'* il sache être dans son tort, Marc ne l'avouerait sous aucun prétexte ② *parce que* ce serait, selon ses critères, déchoir à ses propres yeux ③ *alors que*, au contraire, il ne s'en porterait que mieux.
(Autres réponses possibles.)

Rapports de sens : ① *concession*
② *cause*
③ *opposition*

g ① *Comme* il était venu, le vent soudain se calma, ② *si bien que* les vacanciers ne se rendirent pas immédiatement compte que la tempête était terminée.
(Autres réponses possibles.)

Rapports de sens : ① *manière*
② *conséquence*

h ① *Bien que* la nuit fût pleine des cris de la fête, on entendait, en prêtant l'oreille, le long frémissement de la mer ② *de sorte que* tous s'en trouvaient comme alanguis et plus sereins.
(Autres réponses possibles.)

Rapports de sens : ① *concession*
② *conséquence*

4

LA CONCORDANCE DES TEMPS

APPLIQUER des pages 42 à 44

1 Écrivez le verbe de la subordonnée au temps exigé par la règle de la concordance. Entre les parenthèses, indiquez le mode du verbe de la subordonnée : mode indicatif (I) ou mode subjonctif (S).

a La loi exige que le citoyen *acquitte* chaque année ses impôts. (S)

b Il faudra que tout *marche* à la perfection. (S)

c Nos parents songeaient à ce que nous leur *avions dit* concernant nos projets de vacances. (I)

d Elle tenait à ce que tu *réalises* tout ce pour quoi tu avais tant travaillé. (S)

e Devant le travail accumulé, Diane pensa qu'elle ne *pourrait* jamais s'en sortir. (I)

2 Transformez la phrase soulignée conformément à l'indication donnée entre parenthèses.

a La situation est devenue très tendue. <u>Est-il possible que tu n'en aies pas vu toutes les implications ?</u>
(L'action de la subordonnée et celle de la principale doivent être simultanées.)

Est-il possible que tu n'en voies pas toutes les implications ?

b Quel inconstant tu fais ! <u>Tu regrettais que nos visites ne se multiplient pas et, maintenant, tu souhaiterais que nous disparaissions dans la nuit des temps.</u>
(L'action de la subordonnée doit être antérieure à celle de la principale.)

Tu regrettais que nos visites ne se soient pas multipliées et, maintenant, tu souhaiterais que nous ayons disparu dans la nuit des temps.

c Allons, réfléchis ! <u>Que veux-tu qu'elle ait fait de si répréhensible ?</u>
(L'action de la subordonnée et celle de la principale doivent être simultanées.)

Que veux-tu qu'elle fasse de si répréhensible ?

d <u>Luc me répétait tous les jours qu'il avait réussi à occuper ce poste à force de constance et d'opiniâtreté.</u>
(L'action de la subordonnée doit être postérieure à celle de la principale.)

Luc me répétait tous les jours qu'il réussirait à occuper ce poste à force de constance et d'opiniâtreté.

e <u>Avec une acuité qu'elle n'avait pas soupçonnée, Pascaline regrette que Michel parte sans qu'ils puissent s'expliquer.</u>
(L'action de la subordonnée doit être antérieure à celle de la principale.)

Avec une acuité qu'elle n'avait pas soupçonnée, Pascaline regrette que Michel soit parti sans qu'ils aient pu s'expliquer.

f <u>Chacun souhaite que tout le nécessaire soit fait pour que tous soient heureux.</u>
(L'action de la subordonnée doit être antérieure à celle de la principale.)

Chacun souhaite que tout le nécessaire ait été fait pour que tous soient heureux.

g Il est bien rare que nous ayons apprécié à leur juste valeur les leçons fournies par la vie de tous les jours. (L'action de la subordonnée et celle de la principale doivent être simultanées.)

Il est bien rare que nous appréciions à leur juste valeur les leçons fournies par la vie de tous les jours.

h Comme les nouvelles vont vite ! Je me suis étonnée que vous soyez si promptement mis au courant de choses qui étaient censées rester confidentielles. (L'action de la subordonnée doit être antérieure à celle de la principale.)

Je me suis étonnée que vous ayez été si promptement mis au courant de choses qui étaient censées rester confidentielles.

i Tous les sondages indiquaient que les électeurs votaient majoritairement pour le parti au pouvoir. (L'action de la subordonnée doit être postérieure à celle de la principale.)

Tous les sondages indiquaient que les électeurs voteraient majoritairement pour le parti au pouvoir.

j À notre grande surprise, elle déclara qu'elle avait agi ainsi par conviction personnelle. (L'action de la subordonnée et celle de la principale doivent être simultanées.)

À notre grande surprise, elle déclara qu'elle agissait ainsi par conviction personnelle.

3 **Dans les phrases suivantes, mettez les verbes entre parenthèses au temps exigé par la règle de concordance.**

a De grands soldes seront offerts. Beaucoup prétendent que c'*est* possible parce que certains articles *n'ont pu* être vendus.

b Nous ne roulerons pas trop vite de crainte que ce verglas ne nous *fasse glisser* dans le fossé.

c Bien qu'il *soit maintenant acquis* que les athlètes de notre région *seront sélectionnés* lors des prochains essais canadiens, l'entraîneur du club reste inquiet.

d Comme la plupart des personnes peu loquaces, Hélène appréciait les bavards pourvu que ceux-ci *soient* prêts à faire tous les frais de la conversation.

e Toutes sortes de rumeurs avaient couru. Je lui ai arraché tout ce qu'elle *avait appris* lors de son séjour tant ma curiosité *était* grande d'en savoir un peu plus que ce qu'en *avaient raconté* les journaux.

f Je te laisserai conduire, mais à la condition que tu *sois* très prudent, car je ne voudrais pas que nous *ayons* un accident.

g Nicole a quitté son chalet, laissant dans la mangeoire quelques graines de tournesol que des oiseaux *trouveront* peut-être et dont, certainement, ils *se régaleront*.

h Il apparaît maintenant inutile que vous *poursuiviez* dans cette voie : les difficultés à prévoir se multiplieront à un tel rythme qu'il vous *sera impossible* de vous en tirer sans mal.

i Qu'il *pleuve*, qu'il *neige*, que le soleil *luise* ou qu'une tempête *fasse rage*, je volerai à ton secours au moindre appel, ô ma bien-aimée !

j À ce moment-là, nous étions convaincus que Pierre *préférerait* partir plus tard dans la journée parce que nous n'ignorions pas que faire la grasse matinée ne lui *déplaisait* jamais.

k Afin que le colloque *se déroule* selon les vœux des organisateurs, tout a été planifié dans les moindres détails.

5

LES SIGNES DE PONCTUATION

1 Voici douze phrases.

a Déjà, la nuit, remplie d'ombres menaçantes, était sur lui.

b À la veille d'une présentation importante, doutes, appréhensions, tourments sont toujours au rendez-vous.

c Les petits ruisseaux, affirme un proverbe, font les grandes rivières.

d Antoine et Mélissa, avec un entrain contagieux, étaient de la fête.

e Les roses, qui sont mes fleurs préférées, avaient été malmenées par le vent.

f Ce découragement, qu'on aurait voulu pouvoir effacer, était précisément le plus pénible à voir.

g Les arbres, les maisons, les rues, le brouillard avait tout confondu.

h Leur grand-père, homme fier et courageux, avait réussi l'exploit, à quatre-vingts ans passés, de se rendre seul à Moscou.

i Magnifique, cette vallée d'où s'élèvent, à certaines heures, une grande voix et une grande lumière !

j Ses efforts de dernière minute, bien que louables, ne lui permirent pas de réussir son examen.

k Mélanie, que nous aimions tous et qui, apparemment, nous le rendait bien, a décidé, un bon matin, de nous quitter sans un mot d'adieu.

l Je vous avertirai aussitôt que possible, lui affirma-t-il. Vous ne m'accuserez pas alors de laisser traîner les choses en longueur.

Énumérez ci-dessous les phrases où les virgules ont été rendues nécessaires par :

— la présence d'un groupe C.C. :   *a), b), d), h), i), j), k)*

— la présence d'une apposition :   *a), h), i)*

— la présence d'une relative explicative :   *e), f), k)*

— la présence d'une incise :   *c), l)*

— la présence d'une énumération :   *b), g)*

2 Les virgules ont été omises dans les phrases suivantes. Rétablissez-les.

a À bien des points de vue et pour beaucoup de gens, la période des fêtes, laquelle pourtant occasionne souvent toutes sortes de dépenses, est nécessaire.

b Grâce au talent de ces hommes, cette émission, véritable défi à l'ingéniosité technique, fut une réussite.

c Dans le lointain, des pointes d'arbres, que balayaient les premières lueurs de l'aube, émergèrent frileusement.

d Un jour, ma grand-mère, admirable de sagacité, me fit, avec une tendre délicatesse, une remarque fort pertinente sur ma conduite.

e Derrière la colline, les champs, les prairies et les terres, immenses damiers de cultures, s'étalaient à l'infini.

f Déjà, dans le matin clair, toute la nature en liesse chantait la joie de ce jour nouveau qu'arrosait un soleil généreux.

g Nous aurions, en le revendant, un profit fort appréciable.

h Devant la caravane, dans un éblouissement de lumière s'ouvrait une profonde vallée, large comme un cirque.

i La caissière, ce soir-là, épuisée par cette longue journée qui n'en finissait plus, décida de se coucher tôt.

j Là-bas, tout au loin se déroulait l'immensité monotone des longs bois que l'hiver imminent avait dépouillés.

3 | **Parmi les trois phrases données, soulignez celle où les virgules ont été bien utilisées.**

a — À minuit, ce soir les festivités, organisées à l'occasion du vingtième anniversaire se termineront au grand regret de plusieurs de nos concitoyens...

— À minuit ce soir, les festivités, organisées à l'occasion du vingtième anniversaire, se termineront au grand regret de plusieurs de nos concitoyens...

— À minuit ce soir, les festivités organisées à l'occasion du vingtième anniversaire se termineront, au grand regret de plusieurs de nos concitoyens...

b — Avec un enthousiasme qui ne s'est jamais démenti, ma mère, qui adorait les roses, avait transformé notre cour arrière en une magnifique roseraie.

— Avec un enthousiasme qui ne s'est jamais démenti ma mère qui adorait les roses, avait transformé notre cour arrière en une magnifique roseraie.

— Avec un enthousiasme qui ne s'est jamais démenti ma mère, qui adorait les roses, avait transformé notre cour arrière, en une magnifique roseraie.

c — Parfois, en revenant du Collège, où il s'était fort ennuyé, Antoine le fils de mes voisins se posait des questions existentielles.

— Parfois, en revenant du Collège, où il s'était fort ennuyé, Antoine, le fils de mes voisins, se posait des questions existentielles.

— Parfois, en revenant du Collège où il s'était fort ennuyé, Antoine le fils de mes voisins se posait des questions existentielles.

d — Profitant des quelques moments d'intimité qu'ils avaient, Stéphanie lui confia des pensées qui, jusqu'alors, avaient été enfouies au plus profond d'elle-même.

— Profitant des quelques moments d'intimité qu'ils avaient, Stéphanie lui confia des pensées qui jusqu'alors, avaient été enfouies au plus profond d'elle-même.

— Profitant des quelques moments d'intimité qu'ils avaient, Stéphanie lui confia des pensées, qui jusqu'alors avaient été enfouies au plus profond d'elle-même.

e — Le soleil, qu'on n'a pas vu depuis trois jours et dont les chauds rayons ont manqué à tout le monde, s'est levé radieux.

— Le soleil qu'on n'a pas vu depuis trois jours, et dont les chauds rayons ont manqué à tout le monde, s'est levé radieux.

— Le soleil qu'on n'a pas vu depuis trois jours et, dont les chauds rayons ont manqué à tout le monde, s'est levé radieux.

4 Dans les phrases suivantes, il manque certains signes de ponctuation : des points de suspension, des deux points, des guillemets, des tirets et des parenthèses. Rétablissez-les.

a Julie m'apporta un sorbet aux fraises — je ne résiste pas aux sorbets — et entreprit de m'expliquer la théorie des ensembles.

b « Un pays ? … D'abord une langue où l'on serait comme chez soi » (Gilles Vigneault) .

c « Déjà onze heures … mais que fait-il ? Il devrait être arrivé depuis une heure », s'inquiétait Marie.

d Véronique a mal à la tête : ah ! ces lendemains de la veille !

e Devant l'irréparable, Pierre ne faisait que répéter : « Si j'avais su … si j'avais su … »

f « Pourquoi ? Pourquoi ?, se désespérait-il, un tel accident … C'est terrible ! »

g Tout à coup, mille petites choses lui revinrent à la mémoire : sa douceur, sa tendresse, sa gentillesse … et elle éclata en sanglots.

h Ne répondez qu'au numéro 5 (cinq) sur la copie 3 (trois) de votre formulaire.

i Vivement, il pivota : l'homme était derrière lui, le bras levé.

j Il faut bien vérifier le texte de la loi (la Loi sur l'aménagement et l'urbanisme) avant de vous lancer dans vos travaux de rénovation.

CONJUGAISON VERBALE

LES PARTICULARITÉS DES DIFFÉRENTES CONJUGAISONS

1 Voici une série de verbes conjugués. Écrivez entre les parenthèses l'infinitif du verbe. Indiquez pour chacun le mode et le temps.

			Mode	Temps
a	Vous faites :	(faire)	indicatif	présent
b	On acquiert :	(acquérir)	indicatif	présent
c	Je peignais :	(peindre)	indicatif	imparfait
d	Qu'il faille :	(falloir)	subjonctif	présent
e	Tu courras :	(courir)	indicatif	futur simple
f	Ils avaient eu :	(avoir)	indicatif	plus-que-parfait
g	Sache :	(savoir)	impératif	présent
h	Nous cousions :	(coudre)	indicatif	imparfait
i	Qu'elle veuille :	(vouloir)	subjonctif	présent
j	Je m'assoirai :	(s'asseoir)	indicatif	futur simple
k	Vous mourez :	(mourir)	indicatif	présent
l	Que tu vives :	(vivre)	subjonctif	présent
m	Ils ont été :	(être)	indicatif	passé composé
n	Nous enverrions :	(envoyer)	conditionnel	présent
o	Tu tiendras :	(tenir)	indicatif	futur simple

2 Conjuguez les expressions suivantes à la 1re personne du singulier et du pluriel au mode et au temps indiqués.

a   Croître en sagesse.

Indicatif, présent :   *je croîs en sagesse*

nous croissons en sagesse

Indicatif, futur simple :   *je croîtrai en sagesse*

nous croîtrons en sagesse

b   Rompre la paix.

Indicatif, présent :   *je romps la paix*

nous rompons la paix

Indicatif, futur simple :   *je romprai la paix*

nous romprons la paix

c   Résoudre le problème.

Indicatif, présent :   *je résous le problème*

nous résolvons le problème

Indicatif, futur simple :   *je résoudrai le problème*

nous résoudrons le problème

d   Vaincre ses peurs.

Indicatif, présent :   *je vaincs mes peurs*

nous vainquons nos peurs

Indicatif, futur simple :   *je vaincrai mes peurs*

nous vaincrons nos peurs

e   Savoir se taire.

Indicatif, présent :   *je sais me taire*

nous savons nous taire

Indicatif, futur simple :   *je saurai me taire*

nous saurons nous taire

3 Conjuguez les expressions suivantes à la 3ᵉ personne du singulier et du pluriel au mode et au temps indiqués.

a Paraître en public.

    Indicatif, présent :   *il paraît en public*

                                   ils paraissent en public

    Subjonctif, présent :   *qu'il paraisse en public*

                                   qu'ils paraissent en public

b Mourir de faim.

    Indicatif, présent :   *il meurt de faim*

                                   ils meurent de faim

    Subjonctif, présent :   *qu'il meure de faim*

                                   qu'ils meurent de faim

c Craindre le pire.

    Indicatif, présent :   *il craint le pire*

                                   ils craignent le pire

    Subjonctif, présent :   *qu'il craigne le pire*

                                   qu'ils craignent le pire

d Acquérir de l'expérience.

    Indicatif, présent :   *il acquiert de l'expérience*

                                   ils acquièrent de l'expérience

    Subjonctif, présent :   *qu'il acquière de l'expérience*

                                   qu'ils acquièrent de l'expérience

e Haïr les compromis.

    Indicatif, présent :   *il hait les compromis*

                                   ils haïssent les compromis

    Subjonctif, présent :   *qu'il haïsse les compromis*

                                   qu'ils haïssent les compromis

4 Conjuguez les expressions suivantes à la 1re personne du singulier et du pluriel au mode et au temps indiqués.

a Battre la campagne.

Indicatif, présent : *je bats la campagne*

nous battons la campagne

Indicatif, passé composé : *j'ai battu la campagne*

nous avons battu la campagne

b Essuyer un échec.

Indicatif, présent : *j'essuie un échec*

nous essuyons un échec

Indicatif, plus-que-parfait : *j'avais essuyé un échec*

nous avions essuyé un échec

c Commencer la journée.

Indicatif, présent : *je commence la journée*

nous commençons la journée

Indicatif, passé simple : *je commençai la journée*

nous commençâmes la journée

d Servir le repas.

Indicatif, présent : *je sers le repas*

nous servons le repas

Indicatif, passé composé : *j'ai servi le repas*

nous avons servi le repas

e Acheter le nécessaire.

Indicatif, présent : *j'achète le nécessaire*

nous achetons le nécessaire

Conditionnel, présent : *j'achèterais le nécessaire*

nous achèterions le nécessaire

5 Conjuguez les expressions suivantes à la 1re personne du singulier et du pluriel au mode et au temps indiqués.

a   Céder le passage.

Indicatif, présent :   *je cède le passage*

nous cédons le passage

Indicatif, futur simple :   *je céderai le passage*

nous céderons le passage

b   Nettoyer la maison.

Indicatif, présent :   *je nettoie la maison*

nous nettoyons la maison

Indicatif, futur simple :   *je nettoierai la maison*

nous nettoierons la maison

c   Se geler les pieds.

Indicatif, présent :   *je me gèle les pieds*

nous nous gelons les pieds

Indicatif, futur simple :   *je me gèlerai les pieds*

nous nous gèlerons les pieds

d   Coudre un vêtement.

Indicatif, présent :   *je couds un vêtement*

nous cousons un vêtement

Indicatif, futur simple :   *je coudrai un vêtement*

nous coudrons un vêtement

e   Oublier tout ça.

Indicatif, présent :   *j'oublie tout ça*

nous oublions tout ça

Indicatif, futur simple :   *j'oublierai tout ça*

nous oublierons tout ça

6 Mettez les verbes suivants aux modes et aux temps demandés.

a S'asseoir, ⭐**G**⁺ s'assoir

Indicatif, présent	il	*s'assoit ou s'assied*
Indicatif, imparfait	nous	*nous assoyions ou nous asseyions*
Indicatif, futur simple	tu	*t'assoiras ou t'assiéras*
Subjonctif, présent	que je	*m'assoie ou m'asseye*

b Pouvoir

Indicatif, présent	je	*peux*
Indicatif, imparfait	nous	*pouvions*
Indicatif, futur simple	elle	*pourra*
Subjonctif, présent	que tu	*puisses*

c Vouloir

Indicatif, présent	il	*veut*
Indicatif, imparfait	vous	*vouliez*
Indicatif, futur simple	tu	*voudras*
Subjonctif, présent	qu'elles	*veuillent*

d Bouillir

Indicatif, présent	il	*bout*
Indicatif, imparfait	tu	*bouillais*
Indicatif, futur simple	nous	*bouillirons*
Subjonctif, présent	que je	*bouille*

e Rire

Indicatif, présent	nous	*rions*
Indicatif, imparfait	nous	*riions*
Indicatif, futur simple	tu	*riras*
Subjonctif, présent	que je	*rie*

7 Mettez les verbes suivants aux modes et aux temps demandés.

a Restreindre

Indicatif, présent	elle	*restreint*
Indicatif, imparfait	je	*restreignais*
Indicatif, futur simple	tu	*restreindras*
Subjonctif, présent	que tu	*restreignes*

b Convaincre

Indicatif, présent	il	*convainc*
Indicatif, imparfait	nous	*convainquions*
Indicatif, futur simple	tu	*convaincras*
Subjonctif, présent	que je	*convainque*

c Savoir

Indicatif, présent	je	*sais*
Indicatif, imparfait	ils	*savaient*
Indicatif, futur simple	tu	*sauras*
Subjonctif, présent	que nous	*sachions*

d Aller

Indicatif, présent	il	*va*
Indicatif, imparfait	nous	*allions*
Indicatif, futur simple	tu	*iras*
Subjonctif, présent	que j'	*aille*

e Voir

Indicatif, présent	je	*vois*
Indicatif, imparfait	vous	*voyiez*
Indicatif, futur simple	tu	*verras*
Subjonctif, présent	qu'elle	*voie*

8 **Mettez les verbes suivants aux modes et aux temps demandés.**

a   Connaître

Indicatif, présent	il	*connaît*
Indicatif, imparfait	nous	*connaissions*
Indicatif, futur simple	tu	*connaîtras*
Subjonctif, présent	qu'elle	*connaisse*

b   Joindre

Indicatif, présent	il	*joint*
Indicatif, imparfait	nous	*joignions*
Indicatif, futur simple	tu	*joindras*
Subjonctif, présent	que je	*joigne*

c   Dissoudre

Indicatif, présent	il	*dissout*
Indicatif, imparfait	nous	*dissolvions*
Indicatif, futur simple	je	*dissoudrai*
Subjonctlf, présent	que lu	*dissolves*

d   Apprécier

Indicatif, présent	il	*apprécie*
Indicatif, imparfait	nous	*appréciions*
Indicatif, futur simple	tu	*apprécieras*
Subjonctif, présent	que vous	*appréciiez*

e   Harceler

Indicatif, présent	il	*harcèle*
Indicatif, imparfait	nous	*harcelions*
Indicatif, futur simple	tu	*harcèleras*
Subjonctif, présent	que je	*harcèle*

9 **Mettez les verbes suivants aux modes et aux temps demandés.**

a Nager

Indicatif, présent	nous	*nageons*
Indicatif, imparfait	je	*nageais*
Indicatif, futur simple	tu	*nageras*
Subjonctif, présent	que vous	*nagiez*

b Dire

Indicatif, présent	vous	*dites*
Indicatif, imparfait	nous	*disions*
Indicatif, futur simple	tu	*diras*
Subjonctif, présent	qu'ils	*disent*

c Cacheter

Indicatif, présent	il	*cachette*
Indicatif, imparfait	nous	*cachetions*
Indicatif, futur simple	tu	*cachetteras*
Subjonctif, présent	que je	*cachette*

d Modeler

Indicatif, présent	il	*modèle*
Indicatif, imparfait	vous	*modeliez*
Indicatif, futur simple	je	*modèlerai*
Subjonctif, présent	que tu	*modèles*

e Courir

Indicatif, présent	il	*court*
Indicatif, imparfait	nous	*courions*
Indicatif, futur simple	tu	*courras*
Subjonctif, présent	que je	*coure*

10 Écrivez le participe passé des verbes suivants au masculin singulier en l'employant avec *être* ou *avoir* selon le cas.

a mourir : *être mort*

b devoir : *avoir dû*

c naître : *être né*

d inclure : *avoir inclus*

e croître : *avoir crû*

f souffrir : *avoir souffert*

11 Écrivez le participe passé des verbes suivants au féminin singulier en l'employant avec *être* ou *avoir* selon le cas.

a écrire : *avoir écrite*

b s'asseoir, G s'assoir : *s'être assise*

c acquérir : *avoir acquise*

d battre : *avoir battue*

e devoir : *avoir due*

f coudre : *avoir cousue*

12 Écrivez le participe passé des verbes suivants au masculin pluriel en l'employant avec *être* ou *avoir* selon le cas.

a s'inscrire : *s'être inscrits*

b croire : *avoir crus*

c se souvenir : *s'être souvenus*

d rester : *être restés*

e devenir : *être devenus*

f vaincre : *avoir vaincus*

13 Écrivez le participe passé des verbes suivants au féminin pluriel en l'employant avec *être* ou *avoir* selon le cas.

a moudre : *avoir moulues*

b résoudre : *avoir résolues*

c peindre : *avoir peintes*

d tomber : *être tombées*

e contraindre : *avoir contraintes*

f se convaincre : *s'être convaincues*

14 Écrivez les phrases suivantes à la voix passive en gardant pour le verbe le même mode et le même temps.

a On nous donnera bientôt les nouvelles directives.
Les nouvelles directives nous seront bientôt données.

b Les nombreux manifestants envahirent soudain les rues.
Les rues furent soudain envahies par les nombreux manifestants.

c À ce moment-là, on terminait l'inventaire des marchandises.
À ce moment-là, l'inventaire des marchandises était terminé.

d Afin de permettre la mise en place des décors, le metteur en scène avait écourté la répétition.
Afin de permettre la mise en place des décors, la répétition avait été écourtée par le metteur en scène.

e C'est avec beaucoup de joie que les comédiens ont accepté cette pause inattendue.
C'est avec beaucoup de joie que cette pause inattendue a été acceptée par les comédiens.

f Continue dans cette voie, car, sois-en certain, tes succès t'ouvriront de nombreuses portes.
Continue dans cette voie, car, sois-en certain, de nombreuses portes te seront ouvertes par tes succès.

g Pour que le compte rendu des événements soit aussi exact que possible, l'équipe avait consacré à la rédaction de ce compte rendu un nombre incalculable d'heures de travail.
Pour que le compte rendu des événements soit aussi exact que possible, un nombre incalculable d'heures de travail avait été consacré par l'équipe à la rédaction de ce compte rendu.

15 Mettez au mode et au temps demandés les verbes entre parenthèses.

a Vous *faites* les choses avec une telle aisance qu'il est normal qu'on vous *ait envié* votre savoir-faire.

b On *ne se résolvait pas* à lui dire toute la vérité.

c *Éteins*, coquine, cette lueur méchante qui brille dans tes yeux !

d À quoi sert d'économiser d'un côté, quand on *détruit* de l'autre ?

e La surprise *avait été accrue* par la présence inattendue de la vedette.

f Amélie *paraît* très ennuyée : Jean *n'achètera-t-il pas* le mobilier vert alors qu'elle *préfère* le bleu ?

g *Assoyez-vous* ou *Asseyez-vous*, lui dit fort courtoisement le directeur de l'agence. Marie, qui *s'émeut* et dont le cœur *bat* à tout rompre, *espère* faire bonne impression : elle veut cette place.

h *Que tu ailles* au bout de tes rêves, nul ne peut t'en contester le droit, mais souhaitons *que tu puisses* toujours te souvenir qu'en cas d'échec nous sommes là.

i « Nous *avions été contraintes* à revérifier toutes les listes », se plaignaient-elles.

j Il faut que tu *acquières* rapidement les connaissances voulues si tu veux te présenter à cet examen.

k « *J'étais morte* si vous *n'étiez pas arrivés* à temps », affirmait Lucie.

l Quand elle *saura* la cause de tout ça, son exaspération *atteindra* un sommet. Dieu *veuille* que Paul *survive* à l'orage !

m Le diamant *étincelle* à son doigt, la joie *flamboie* dans ses yeux, aucun nuage ne *s'amoncelle*, le prêtre les *a bénis*, on nous *attend* à la réception... Vraiment, cette journée est unique !

n Lentement le brouillard *se dissout* et la campagne tout humide *resplendit* au soleil.

o « *Descends*, lui cria-t-il, nous *commençons* à nous impatienter. Tu *oublieras* donc toujours que ta grand-mère n'aime pas attendre. »

p Cela te *plaît* de te faire raconter tous ces bobards ? Moi pas ! Qu'il me *harcèle* tout le temps avec ses histoires m'énerve !

ORTHOGRAPHE GRAMMATICALE

LES VERBES

L'ACCORD DU VERBE AVEC SON SUJET

1 Voici cinq phrases simples.

a Une forêt touffue borde les rives.

b Entre les maisons du boulevard s'insinuent courageusement les timides rayons d'un soleil anémique.

c Dans le ciel nuageux, avec un éclat brutal zigzaguent soudain de blancs éclairs.

d Une étroite ruelle, jonchée de détritus, courait le long des maisons bancales.

e Avec quelle habileté, les enfants, rompus à ces exercices, s'étaient tirés d'affaire.

Voici également la structure de chacune de ces phrases simples.
Transcrivez sous chacun des groupes représentés la séquence de mots qui y correspond.

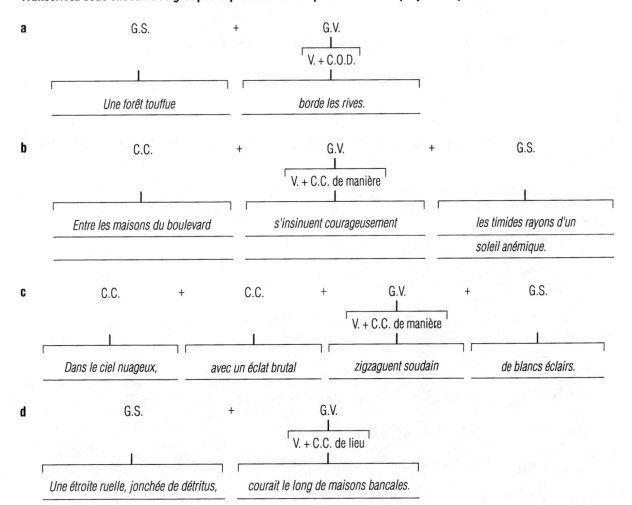

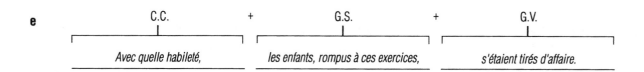

C.C.	+	G.S.	+	G.V.
Avec quelle habileté,		*les enfants, rompus à ces exercices,*		*s'étaient tirés d'affaire.*

2 Voici de nouveau chacune des phrases de l'exercice précédent. Soulignez le groupe sujet. Encadrez le mot qui commande l'accord du verbe.

a Une forêt touffue borde les rives.

b Entre les maisons du boulevard s'insinuent courageusement les timides rayons d'un soleil anémique.

c Dans le ciel nuageux, avec un éclat brutal zigzaguent soudain de blancs éclairs.

d Une étroite ruelle, jonchée de détritus, courait le long des maisons bancales.

e Avec quelle habileté, les enfants, rompus à ces exercices, s'étaient tirés d'affaire.

3 Dans les phrases suivantes, soulignez le groupe sujet. Encadrez le mot qui commande l'accord du verbe. Accordez le verbe correctement.

Attention : Des écrans se glissent parfois entre le groupe sujet et le verbe.

Ces écrans peuvent être :
— un complément du nom ;
— un pronom personnel C.O.D. ou C.O.I. ;
— un groupe du nom apposition ;
— un adjectif ou un groupe adjectival apposition ;
— une subordonnée relative ;
— un complément circonstanciel de phrase placé à l'intérieur de la phrase ;
— une subordonnée circonstancielle.

a Déjà, la nuit, remplie d'ombres menaçantes, *était* sur lui.

b Tous ses amis de la classe de chimie lui *étaient* chers maintenant.

c Des cuisines nous *parvenait* une odeur de tarte aux pommes.

d Antoine et Mélissa, avec un entrain contagieux, *étaient* de la fête.

e Les fleurs du jardin que le vent avait le plus malmenées *étaient* les roses préférées de maman.

f Ce découragement, qu'on aurait voulu pouvoir effacer, *était* précisément le plus pénible à voir.

g De la plaine *montaient* l'odeur de l'humidité féconde et le chant du petit matin.

h Leur grand-père, homme fier et courageux, *avait réussi* l'exploit, à quatre-vingts ans passés, de se rendre seul à Moscou.

i Magnifique, cette vallée d'où *s'élèvent*, à certaines heures, une grande voix et une grande lumière !

j Ses efforts de dernière minute, bien que louables, ne lui *permirent* pas de réussir son examen.

k Mélanie, que nous aimions tous et qui, apparemment, nous le rendait bien, *a décidé*, un bon matin, de nous quitter sans un mot d'adieu.

l Je vous *avertirai* aussitôt que possible. Vous ne m'*accuserez* pas alors de laisser traîner les choses en longueur.

---

4 **Dans la plupart des phrases de l'exercice 3, le sujet est séparé du verbe par un ou plusieurs écrans. Pour chacun de ces écrans, indiquez s'il s'agit :**

— d'un complément du nom ;
— d'un pronom personnel C.O.D. ou C.O.I. ;
— d'un groupe du nom apposition ;
— d'un adjectif ou d'un groupe adjectival apposition ;
— d'une subordonnée relative ;
— d'un complément circonstanciel de phrase placé à l'intérieur de la phrase ;
— d'une subordonnée circonstancielle.

a remplie d'ombres menaçantes (phrase *a*) : *groupe adjectival apposition.*

b de la classe de chimie (phrase *b*) : *complément du nom.*

c lui (phrase *b*) : *pronom personnel C.O.I.*

d avec un entrain contagieux (phrase *d*) : *complément circonstanciel de phrase placé à l'intérieur de la phrase.*

e du jardin (phrase *e*) : *complément du nom.*

f que le vent avait le plus malmenées (phrase *e*) : *subordonnée relative.*

g qu'on aurait voulu pouvoir effacer (phrase *f*) : *subordonnée relative.*

h homme fier et courageux (phrase *h*) : *groupe du nom apposition.*

i de dernière minute (phrase *j*) : *complément du nom.*

j bien que louables (phrase *j*) : *subordonnée circonstancielle elliptique.*

k lui (phrase *j*) : *pronom personnel C.O.I.*

l que nous aimions tous (phrase *k*) : *subordonnée relative.*

m   et qui, apparemment, nous le rendait bien (phrase *k*) : *subordonnée relative.*

n   vous (phrase *l*) : *pronom personnel C.O.D.*

o   m' (phrase *l*) : *pronom personnel C.O.D.*

5   Dans certaines phrase de l'exercice 3, le groupe sujet est placé par inversion après le verbe. Énumérez ces phrases en inscrivant les lettres qui les désignent.

c), g) et i).

6   Récrivez les phrases suivantes en glissant un écran entre le groupe sujet et le groupe verbal. La nature de l'écran à insérer est indiquée entre parenthèses.

(À titre d'exemples.)

a   (une relative)

Ma sœur, qui est l'aînée de notre famille, a toujours eu un vif intérêt pour la musique.

b   (un C.C. de phrase)

Les chiens de notre voisin, avec un sans-gêne insolent, ont piétiné les fleurs de la plate-bande.

c   (un groupe du nom apposition)

La lune, croissant blafard dans la nuit, éclaire les voyageurs attardés.

d   (un pronom personnel C.O.I.)

Vous me direz tout, n'est-ce pas ?

e   (un groupe adjectival apposition)

Dans son visage espiègle, ses yeux, pleins de malice, se posaient sur tout avec avidité.

7 Dans le texte suivant, nous avons compté 15 verbes conjugués.
Récrivez-les à la suite du texte.
Indiquez pour chacun le mot ou le groupe de mots sujet.
Soulignez le mot qui commande l'acccord du verbe.

Soirée au théâtre

Quelle que soit la pièce que jouent les comédiens, quels amateurs de théâtre peuvent rester insensibles aux trois coups ? Bien peu, à vrai dire. Avant que ne se lève le rideau, l'assemblée bigarrée des spectateurs offre déjà tout un spectacle. Plusieurs d'entre eux sont plongés dans la lecture de leur programme. D'autres, le visage réjoui, le sourire radieux, bavardent joyeusement.

Cependant, quelques-uns, se plaignant tantôt de l'inconfort de leur fauteuil, tantôt d'un voisin trop bruyant, semblent mécontents. Quelques vieux maris, peut-être, qui à leurs chaussures trop étroites préféreraient sans doute de confortables pantoufles !

Quoi qu'il en soit, tous les abonnés, pour qui chaque nouvelle pièce est une fête, se montrent satisfaits d'être là. Chacune de ces soirées que se remémorent les fidèles qui sont toujours au rendez-vous, alimente souvent, embellie par le souvenir, maintes conversations animées.

1	*soit*	:	*la pièce*
2	*jouent*	:	*les comédiens*
3	*peuvent*	:	*quels amateurs de théâtre*
4	*se lève*	:	*le rideau*
5	*offre*	:	*l'assemblée bigarrée des spectateurs*
6	*sont plongés*	:	*Plusieurs d'entre eux*
7	*bavardent*	:	*D'autres, le visage réjoui, le sourire radieux,*
8	*semblent*	:	*quelques-uns*
9	*préféreraient*	:	*qui (antécédent : quelques vieux maris)*
10	*soit*	:	*il*
11	*est*	:	*chaque nouvelle pièce*
12	*se montrent*	:	*tous les abonnés*
13	*se remémorent*	:	*les fidèles*
14	*sont*	:	*qui (antécédent : les fidèles)*
15	*alimente*	:	*Chacune de ces soirées*

LES RÈGLES PARTICULIÈRES D'ACCORD DU VERBE AVEC SON SUJET

1 Dans les phrases suivantes, soulignez le groupe sujet.
Accordez le verbe correctement.

a La multitude des étoiles *brillait* sur le fond sombre de la nuit.

b Une multitude de corps célestes *gravitent* dans le ciel.

c Toi et moi *ferons* de grandes choses.

d La plupart *croient* impossible la réussite d'une telle entreprise.

e Peu de gens *ont* sur cette question une idée bien précise.

f Plus d'un *est* surpris que l'affaire ait pris une si grande envergure.

g Beaucoup *s'imaginent* être les seules victimes de la fraude.

h Un peu moins de deux mois le *mèneront* à l'hôpital s'il continue ainsi.

i Tout à coup, la troupe des hirondelles *s'éleva* avec un confus frémissement d'ailes agitées.

j Depuis trois mois maintenant, Nicole ou Diane, vaillamment, *veille* notre père.

2 Faites accorder le verbe dans les phrases qui suivent.

a L'équipage ainsi que les passagers *périrent* dans le naufrage du navire.

b Une grande lueur, comme un châle moelleux, *enveloppe* les maisons.

c La plupart des gens ne *croient* pas possible qu'on réussisse à réduire le taux de criminalité.

d La chance ou la fatalité *est* le lot de plusieurs d'entre nous.

e C'était une boutade à laquelle ni vous ni moi ne *saurions* attacher trop d'importance.

f Une cascade de notes claires *s'échappa* ou *s'échappèrent* soudain de ses doigts.

g Plus d'un visiteur, plus d'un touriste, au passage, *s'étaient extasiés* devant la beauté du lieu.

h Le peu de sous qu'il possédait *ont été perdus* au jeu.

i Ni Paul ni Antoine ne *sera choisi* pour occuper ce poste.

j Conseils judicieux, reproches voilés, prophéties alarmistes, rien ne la *fit* changer d'avis.

3 Soulignez la phrase où le verbe est correctement orthographié.

a   Le peu de conseils que j'en ai reçus m'a été d'un grand profit.
   Le peu de conseils que j'en ai reçus m'ont été d'un grand profit.

b   Une douzaine de ces cartons coûtait six dollars.
   Une douzaine de ces cartons coûtaient six dollars.

c   La plupart de ceux qui ont réussi ont dû investir de nombreuses heures de travail.
   La plupart de ceux qui ont réussi a dû investir de nombreuses heures de travail.

d   Ce soir, c'est la première! Une foule compacte de gens enthousiastes bloque déjà l'entrée.
   Ce soir, c'est la première! Une foule compacte de gens enthousiastes bloquent déjà l'entrée.

e   Toi et moi, affirme Josée à Mélanie, sait ce qu'il en coûte de se lancer dans pareille aventure.
   Toi et moi, affirme Josée à Mélanie, savons ce qu'il en coûte de se lancer dans pareille aventure.

f   Les trois-quarts, avec une hésitation exaspérante, ne parvinrent pas à fixer leur choix.
   Les trois-quarts, avec une hésitation exaspérante, ne parvint pas à fixer son choix.

g   Le peu de tulipes écloses qui parsèment les parterres éclairent ce printemps pluvieux.
   Le peu de tulipes écloses qui parsème les parterres éclaire ce printemps pluvieux.

h   La quantité effarante de fourmis qui envahit mon jardin me causent bien des ennuis.
   La quantité effarante de fourmis qui envahit mon jardin me cause bien des ennuis.

i   Un cinquième seulement des questions évaluait la matière vue durant les cours.
   Un cinquième seulement des questions évaluaient la matière vue durant les cours.

j   Le peu de personnes qui les avaient soutenues les encouragèrent à continuer, alors que la plupart, devant tant d'obstacles à franchir, les aurait désertées.
   Le peu de personnes qui les avaient soutenues les encouragèrent à continuer, alors que la plupart, devant tant d'obstacles à franchir, les auraient désertées.

4 Dans le texte suivant, des verbes sont mal accordés. Soulignez ces verbes. À la suite du texte, récrivez-les correctement. Justifiez votre orthographe en identifiant le numéro du cas dont il s'agit.

La jungle des règles grammaticales

Ah! ces règles! Plus d'une vous semble difficile! Pour certains cependant, moins de deux <u>présente</u> encore des difficultés. Toi, nouveau venu dans la jungle grammaticale, que tu craignes l'asphyxie, rien n'est plus normal!

Dans un groupe, près du tiers des étudiants <u>touchent</u> du doigt, à chaque session, la nécessité de reprendre inlassablement ces mêmes règles. Ils les considèrent bientôt comme autant de monstres apprivoisés si bien que la plupart d'entre elles, consolées, ne s'en <u>porte</u> que mieux.

La série de toutes ces difficultés <u>demeurent</u> toutefois pour quiconque toujours trop longue. Tu la trouveras, certains soirs, joliment compliquée. Tant de questions se bousculent et cherchent une réponse.

Hélas! le peu d'efforts que certains investissent les <u>mèneront</u> à l'échec. Le peu de bonnes notes récoltées les désolera. Annie, tout comme Éric, <u>souhaitent</u> réussir. Vous et moi leur <u>affirment</u> qu'à cœur vaillant, rien n'est impossible. <u>Puisse</u> l'un ou l'autre se réjouir de leurs progrès!

1 *présentent* : *cas no 7.*

2 *touche* : *cas no 9.*

3 *portent* : *cas no 7.*

4 *demeure* : *cas no 6.*

5 *mènera* : *cas no 8.*

6 *souhaite* : *cas no 5.*

7 *affirmons* : *cas no 1.*

8 *Puissent* : *cas no 4.*

LE PARTICIPE PRÉSENT ET L'ADJECTIF VERBAL

1 Dans les phrases suivantes, les participes présents et les adjectifs verbaux sont écrits entre parenthèses. Soulignez les participes présents. Récrivez correctement, s'il y a lieu, les adjectifs verbaux.

a   Les rayons du soleil <u>plongeant</u> sous le couvert des arbres allument çà et là des flaques *mouvantes* de lumière.

b   <u>Flottant</u> un moment dans les airs, la neige souffletée par le vent s'éparpille, *frissonnante*, sur les buissons.

c   Selon *différents* avis, la plupart *convergents*, les événements *surprenants* qui ont marqué la prise du pouvoir présagent la fin d'une époque.

d   En <u>différant</u> ton départ, malgré les appels fort *convaincants* dont on t'a assailli, tu fais preuve d'une gentillesse *touchante*.

e   Les propos *extravagants* que nos adversaires ont tenus n'auront aucune conséquence fâcheuse sur les résultats.

f   Des rumeurs *persistantes* font état qu'en <u>intriguant</u> ainsi, ils se sont aliéné plusieurs *excellents* candidats.

g   Les eaux <u>convergeant</u> à leur embouchure, les rivières, *somnolentes* et tranquilles jusque-là, se creusent de remous *impressionnants*.

2 Complétez les phrases suivantes en employant, selon le cas, le participe présent ou l'adjectif verbal correspondant au verbe entre parenthèses.

a   Tu menais une vie très *fatigante*; comment t'étonner alors que ton médecin, te *recommandant* le repos, t'ait prescrit un mois de congé, *provoquant* ainsi un grand désarroi dans l'organisation du bureau ? Ton acharnement était en effet suicidaire.

b   Méfions-nous de ces gens qui, en *intriguant* sans cesse, risquent de troubler notre sérénité.

c   *Violant* sans vergogne toutes les lois, ces bandes de jeunes ont fait naître la panique qui, en se *communiquant* aux voisins, a perturbé la vie paisible du quartier.

d   Nos opinions *divergeant* constamment, nous avons décidé de nous séparer avant que nos discussions ne deviennent trop *violentes*.

e   Bien que nos façons de faire soient très *différentes*, nos résultats sont à peu près *équivalents*.

f   Des amis *négligents* ont omis de nous rendre les livres que nous leur avions prêtés.

g   Chacun *vaquant* à son travail, les heures *s'écoulant* sans bruit, quelle surprise ce fut d'entendre soudain la porte ouverte *claquant* au vent.

h   Vos conseils sont *excellents*. Vos amis sont bien *négligents* de ne pas en profiter plus souvent.

i   De grandes pièces *vacantes* avaient servi à l'entreposage des produits.

j   Les bons résultats *aidant* et leurs opinions *divergentes* mises en veilleuse, elles avaient examiné des propositions d'expansion fort *alléchantes*.

L'ACCORD DU PARTICIPE PASSÉ

1 Récrivez les participes passés entre parenthèses en les accordant lorsqu'il y a lieu.

a Les grandes plaines, qui avaient été *nettoyées* mécaniquement, étaient maintenant *couvertes* d'une repousse, égale et *serrée*, qui en faisait une pelouse fort belle.

b Les boutons d'or et les pétunias, *regroupés* en une éclatante mosaïque de couleurs, étendaient leurs pétales que l'ombre avait *redressés*.

c Les enfants étaient *entrés* par une brèche que les pluies torrentielles du mois dernier avaient *ouverte*.

d L'heure du départ a *sonné*; vos bagages devraient être *terminés* depuis un bon moment déjà.

e Pour parvenir de l'autre côté, nous devions enjamber des clôtures que le temps avait *renversées* et de larges fossés *ravinés* par d'anciens torrents. Chacune de nos réussites était *ponctuée* d'encouragements de la part de notre guide.

f « *Écrasées* et *torturées* par le poids de nos sacs à dos, nous avons *craint* de ne jamais arriver au terme de notre route », racontaient les deux filles à leurs amis.

g Nous avions *trouvé* refuge, Josée et moi, dans un angle de la pièce, attendant là des secours hypothétiques.

h Ces travaux que j'ai *achevés* seront bientôt *soumis* à l'approbation de mon directeur de stage.

i « Mon téléviseur est encore en panne. Les précautions que j'ai *prises* et qui n'ont *servi* à rien m'ont *convaincue* de la piètre qualité de ce produit », proteste Sylvie.

j C'était une vieille maison *bâtie* en pierres des champs que le temps a *patinées*.

k Les médicaments qu'elles avaient *pris* les avaient *rendues* plus malades encore.

l Chacun des livres que j'ai *publiés* ne l'ont été qu'après de nombreux efforts.

m Louis ne t'a *apporté* que les adhésions que le projet a *recueillies* jusqu'à maintenant.

LES RÈGLES PARTICULIÈRES D'ACCORD DU PARTICIPE PASSÉ

1 Récrivez le participe passé en l'accordant s'il y a lieu.

a Être en forme nécessite un entraînement quotidien. Ces jours derniers, nous l'avons *appris* à nos dépens.

b Afin d'être fidèles aux promesses faites, tous ces travaux que nous avons *dû* terminer ont exigé beaucoup d'efforts.

c Les pluies qu'il y a *eu* ont gâché nos vacances.

d Les documents *ci-joints* devront être acheminés sans plus de délai.

e Les maisons qu'ils ont *fait* construire sont déjà vendues.

f Les employés avaient déployé tous les efforts qu'ils avaient *pu* afin de terminer l'inventaire à temps.

g Ces longs mois que tu as *vécus* à caresser l'espoir d'arriver premier furent exaltants. Ne les regrette pas *étant donné* les joies qu'ils t'ont *values*.

h Simone et Gilles m'ont *avoué* suivre la série avec un intérêt croissant.

i Les froids qu'il a *fait* ont retenu bien des gens à la maison.

j Cette présentation, l'aviez-vous suffisamment *préparée*?

k Elle ne vous a peut-être pas donné tous les renseignements qu'elle aurait *dû*, voilà pourquoi vous n'avez pas réussi ce plat.

2 Récrivez le participe passé en l'accordant s'il y a lieu.

a Que de soucis lui a *coûtés* la poursuite de ce rêve fou de s'acheter cette bagnole! Hélas! les deux mille dollars qu'elle lui a *coûté*, elle ne les a jamais *valu*.

b Les démarches qu'elle avait *voulu* faire depuis longtemps ont reçu un bon accueil.

c Louise n'a pas pu faire toutes les démarches qu'elle aurait *voulu*.

d *Vu* votre amabilité, comment ne pas accéder à votre demande?

e Mes amies reviennent de voyage; je les ai *écoutées* raconter leurs aventures avec joie.

f Les centaines de kilomètres qu'il a *couru*, cette réputation qu'ils lui ont *value*, il s'en est toujours souvenu avec fierté pendant les cinquante années qu'il a *vécu*.

g Son orchidée, Lise l'avait *laissée* se flétrir sans regret.

h Des nouvelles, j'en avais *attendu* en vain.

i Pour être sûr de la version authentique des faits, il faut l'avoir *entendu* donner par l'acteur principal.

j Tous ces mensonges qu'elle a *crus*, comme elle les trouve puérils maintenant.

3 Récrivez le participe passé en l'accordant s'il y a lieu.

a *Vu* les cinq dollars que ce vase nous a *coûté*, il ne faut pas trop regretter qu'il se soit cassé.

b La collection de livres qu'il avait *fait* venir par la poste était moins intéressante qu'il ne l'avait *cru*.

c Comme ils sont pointilleux ! Vite, oublions toutes les rebuffades que nous en avons *essuyées*.

d *Vues* sous cet angle, les choses méritent un examen attentif.

e Jérôme avait dépensé beaucoup plus de sous qu'il en avait *épargné*.

f Avec cette loi beaucoup plus sage que le juge lui-même ne l'avait *soupçonné*, toute la société y gagnera.

g François s'interrogeait : « Les avait-il bien *entendues*, elle et son amie, chuchoter son nom ? »

h *Étant donné* votre disponibilité, nous ferons sans doute appel à vos services.

i Cette saison, j'ai cueilli d'excellents légumes et j'en ai *mangé* à toutes les sauces.

j Plusieurs des risques que tu as *courus* auraient pu te mener à la tombe.

k Des témoins les avaient *vus* échanger des coups de feu. Cependant, la condamnation des malfaiteurs a été plus ardue qu'on ne l'avait *escompté*.

l Cette lettre, qu'elle avait enfin *réussi* à écrire, elle l'avait *confiée* à la poste, toute tremblante à la perspective de ne pas recevoir la réponse *voulue*.

m C'était là précisément les notions qu'il avait *espéré* qu'on lui expliquerait.

n Les cent mètres que Chloé avait *couru* en un temps record lui avaient *valu* la médaille d'or.

o Les musiciens qu'il avait jadis *entendus* jouer, les partitions qu'il avait autrefois *entendu* interpréter lui revenaient à la mémoire comme *assourdis* et *feutrés* par le temps.

6

LES RÈGLES D'ACCORD DU PARTICIPE PASSÉ DES VERBES PRONOMINAUX

APPLIQUER des pages 124 à 126

1 Voici quinze phrases. Dans chacune d'entre elles, soulignez le verbe pronominal. Précisez ensuite la fonction du pronom réfléchi en transcrivant la lettre qui précède la phrase dans le tableau qui suit l'exercice.

a Ce sont ces voitures qui se vendent le mieux cette année, ainsi que l'avaient prédit les grossistes.

b Le printemps éclate partout : des couples se tiennent par la taille, amoureux.

c Dans un grand bruissement d'ailes, tous les oiseaux s'envolèrent.

d Les gens se battent dans les rues, réclamant justice.

e Quand au détour de la rue, Hélène s'aperçut dans la glace, elle eut du mal à penser que cette silhouette fatiguée était la sienne.

f Ah! caprice de la mode! Se porte aujourd'hui ce qu'hier on avait en horreur.

g Quelle tempête! Avec quelle volupté, chacun se recroqueville chez soi!

h Pour faire plaisir, on s'efforça de faire de cette fête une célébration réussie.

i Désormais, elles ne pensent plus à ces quelques semaines pendant lesquelles elles se détestèrent.

j Nous nous partagions volontiers tout ce que nous parvenions à trouver.

k Un soir, ils se quittèrent après une conversation plus douce et plus tendre que d'habitude.

l Quand les choses ne vont pas, il se réfugie dans un silence obstiné.

m Emballée par les perspectives offertes, elle se donne tout entière à son nouveau travail.

n Ce sont là des questions que je me pose souvent.

o La partie se joue selon des règles très strictes desquelles il ne faut pas déroger sous peine de n'y plus rien comprendre.

Le pronom réfléchi est C.O.D. : *b), d), e), g), i), k), m).*

Le pronom réfléchi est C.O.I. : *j), n).*

Le pronom réfléchi est sans fonction logique : *a), c), f), h), l), o).*

2 Récrivez le participe passé entre parenthèses en l'accordant lorsqu'il y a lieu.

a Jean et Maryse se sont *ravisés* quand ils ont appris de quelle nature était l'enjeu.

b Désespérée, elle s'est *jetée* sous les roues du camion.

c Les bons petits plats qu'il s'était *préparés* attestaient sans nul doute son talent de cuisinier.

d En nous quittant, nous nous étions *souhaité* bonne chance.

e Elles se sont *ri* de mon inexpérience.

f Les bandes rivales s'étaient presque *entre-tuées* pour une question de territoire.

g Ma mère et ma grand-mère s'étaient *ingéniées* à me faire plaisir.

h Luc et Marie s'étaient *épousés* dans la plus stricte intimité.

i Tout aussitôt, elles se sont *téléphoné* ces bonnes nouvelles.

j Les deux tantes se sont alors *souvenues* sans déplaisir de toutes les attentions dont on les avait entourées.

3 **Récrivez le participe passé entre parenthèses en l'accordant lorsqu'il y a lieu.**

a Les deux bêtes s'étaient *livré* une lutte acharnée.

b Combien de fois nous sommes-nous *querellés* et toujours pour les mêmes raisons idiotes?

c Tous, à l'approche du danger, s'étaient *sauvés*, abandonnant tout.

d Ces bijoux et ces dentelles se seraient *vendus* fort cher si l'encan avait eu lieu tel que prévu.

e Mes deux sœurs se sont *confié* leurs peines.

f «Souvent, nous nous serions *affrontées*, affirme Julie à Caroline et alors, nous nous serions *révoltées* l'une contre l'autre, nous causant mutuellement bien du chagrin.»

g Céline et Serge ne s'étaient pas *vus* depuis de longues semaines, mais leurs pensées ne s'étaient pas *quittées*.

h Elles s'étaient *rencontrées*, par le plus grand des hasards, sur la place Jacques-Cartier.

i Luce s'est *coupée* au doigt et elle en fait toute une histoire.

j Mimi s'est *écorché* gravement la main en voulant retirer son chat de la piscine.

4 **De nombreux participes passés ont été employés dans le texte suivant. Certains sont bien orthographiés, d'autres pas. Soulignez les participes passés mal orthographiés. À la suite du texte, récrivez-les correctement en précisant pour chacun d'eux la règle à appliquer. (Attention: ce texte fait appel à toutes les règles d'accord des participes passés vues jusqu'ici.)**

Souvenir nostalgique d'un été disparu

La victoire sur la présente grisaille automnale, c'est le souvenir d'un été éblouissant qui la remporte aujourd'hui. Tout le mois, alors que se sont <u>accumulé</u> les ciels tristes et sans soleil, qu'il faisait bon se rappeler ces jours exceptionnels que nous avons <u>vécu</u> l'été dernier! Des matinées radieuses, on n'en a <u>connues</u> que trois jusqu'à maintenant. Un automne têtu s'est acharné depuis octobre à ne nous offrir que morosité et mélancolie.

Ah! oui, quel bel été ce fut! Les matins s'étaient <u>succédés</u> clairs et ensoleillés, s'étaient tous ressemblé par leur magnificence. Leur suite ininterrompue nous portait, sereins et tranquilles, à l'ombre de ces érables qu'on a <u>vu</u> s'épanouir à chaque printemps, dans ces jardins qu'on a embellis avec une ardeur qui ne s'est jamais démentie.

Là, se sont <u>enfui</u> des heures délicieuses, se sont faites trop courtes ces journées qu'on aurait <u>voulues</u> retenir. Ces fêtes auxquelles Marie s'est <u>trouvé</u> associée, elle en a gardé un souvenir impérissable. <u>Étendu</u> sous le couvert des grands arbres, on l'a vue rêver, on l'a entendue murmurer dans le vent de doux secrets, on l'a <u>senti</u> emportée par de folles chimères.

N'a-t-elle pas alors goûté à cette perfection nichée au creux de nos plus secrètes rêveries?

accumulés	:	*Il s'agit ici du participe passé d'un verbe pronominal.* *Le pronom réfléchi est C.O.D.* *L'accord se fait avec lui, mis pour le sujet «les ciels», masc. plur.*
vécus	:	*Il s'agit ici du participe passé du verbe «vivre», employé au sens figuré.* *Accord avec le C.O.D. «que» dont l'antécédent est «ces jours exceptionnels», masc. plur.*
connu	:	*Le C.O.D. est ici le pronom «en».* *Le participe passé reste invariable.*
succédé	:	*Il s'agit ici du participe passé d'un verbe pronominal.* *Le pronom réfléchi est C.O.I.* *Le participe passé reste invariable.*
vus	:	*Il s'agit ici d'un participe passé suivi d'un infinitif.* *On a vu quoi? «les érables».* *Les érables peuvent-ils «s'épanouir»? Oui.* *Accord : le C.O.D. fait l'action exprimée par l'infinitif.*
enfuies	:	*Il s'agit ici du participe passé d'un verbe pronominal.* *Le pronom réfléchi est sans fonction logique.* *Accord avec le sujet du groupe verbal.*
voulu	:	*Il s'agit ici d'un participe passé suivi d'un infinitif.* *On a voulu quoi? «retenir».* *Participe passé invariable : le C.O.D. est l'infinitif placé après.*
trouvée	:	*Il s'agit ici du participe passé d'un verbe pronominal.* *Le pronom réfléchi est C.O.D.* *L'accord se fait avec «s'», mis pour le sujet «Marie», fém. sing.*
Étendue	:	*Il s'agit ici d'un participe passé employé comme un simple adjectif.* *Accord avec «Marie», fém. sing.*
sentie	:	*Il s'agit ici d'un participe passé employé avec avoir.* *L'accord se fait avec le C.O.D. «l'», mis pour «Marie», fém. sing. = on a senti qui? «l'», mis pour «Marie», qui était emportée...*

ORTHOGRAPHE GRAMMATICALE

LES NOMS

LE PLURIEL DES NOMS COMPOSÉS

APPLIQUER de la page 132

1 Écrivez correctement le mot entre parenthèses.

a Des *oiseaux-mouches* folâtraient, enivrés par les *reines-claudes* et les *boutons-d'or*.

b Des *pots-de-vin* sous forme d'*eaux-de-vie* et de *porte-cigarettes* joliment sculptés lui était parvenus, se moquant hardiment de son intégrité de jeune politicien.

c Croyez-vous que, parfois, les *pince-sans-rire* risquent plus que les *casse-cou*?

d Tous les *avant-midi*, des *sans-abri* se postent, malgré les *qu'en-dira-t-on*, à cet angle de l'immeuble, quêtant de quoi suffire à la journée.

e Pendant les *pauses-café*, sans les *faux-fuyants* habituels, il lui fit régulièrement la lecture de son rapport, insistant particulièrement sur les *nota bene*.

f Plusieurs *curriculum vitæ* aux *en-têtes* prestigieux parviennent chaque jour aux bureaux de ces *avocats-conseils*.

g Certains *Terre-Neuviens*, véritables *sang-mêlé**, ont des *arrière-grands-pères* ayant appartenu aux premières tribus qui ont abordé l'île.

h De fervents *libre-échangistes***, munis de *laissez-passer*, ont envahi les tribunes et, à l'aide de *haut-parleurs*, semé la pagaille chez les orateurs.

i Plutôt que de te fier aux *on-dit*, consulte plutôt les *fac-similés* ou les *comptes rendus* des *procès-verbaux* de la dernière réunion.

j Les *auto-stoppeurs*, de crainte de tomber dans des *guets-apens*, se sont munis de *lance-pierres*.

---

* Il s'agit ici d'une proposition figée = dont le sang est mêlé.

** Ici, «libre» est considéré comme un adverbe.
Les échangistes échangent *librement* les marchandises.

LE PLURIEL DES NOMS PROPRES

1 Orthographiez correctement les noms propres entre parenthèses.

a De grands poètes comme les *Leclerc* et les *Vigneault* ont été les ambassadeurs de notre réalité culturelle auprès des *Suisses* et des *Belges*.

b Les *Larousse* et les *Grevisse* ont souvent guidé nos pas.

c Dans le domaine de l'automobile, les *Volkswagen* ont été aux *Allemands* ce que les *Ford* ont été aux *Américains*.

d Les deux *Amériques* sont traversées par les *Rocheuses*, chaînes de montagnes de l'Ouest américain, dont les *Canadiens* s'enorgueillissent fort.

e Sur les rayons reposaient côte à côte deux *Bonheur d'occasion* et trois *Sire Gaby du lac*.

f Des *Picasso* et des *Rodin* avaient été présentés aux collectionneurs.

g Des *Journal de Montréal* avaient été mis à la disposition des clients.

h Les *Bourassa*, père et fils, sont connus de tous bien qu'ils se soient illustrés dans des domaines tout à fait différents.

i Les deux *Québec*, le vieux et le moderne, reçoivent chaque année de nombreux visiteurs.

j Après avoir bu quatre *Martini*, le gendre des *Girard* n'était plus très frais.

ORTHOGRAPHE GRAMMATICALE

LES ADJECTIFS ET LES DÉTERMINANTS

CAS PARTICULIERS D'ACCORD DE L'ADJECTIF QUALIFICATIF

APPLIQUER de la page 141

1 **Accordez correctement les adjectifs qualificatifs mis entre parenthèses.**

a *Nouvelle* propriétaire depuis peu d'une grande maison, notre amie Katia ne voulait pour ses fenêtres que des rideaux de dentelle *blancs*.

b Une tranche de pain *lourd* fut son unique repas, heureusement *arrosée* de crème fraîche.

c Ces deux touristes *fourbues* apprécient leurs vacances et mangent, avec une gourmandise qu'elles ne nient pas, une salade de fruits *exotiques*.

d Dans toutes les compétitions *nationales et internationales*, ses performances avaient été au-delà de toutes les espérances.

e Un sentier de terre *battue* fort *étroit* l'avait conduite dans un enchevêtrement de framboisiers *sauvages* si *dense* qu'elle avait eu bien du mal à se tirer de là.

f Son laisser-aller et son caractère *violent* avaient soulevé des griefs et des critiques *exacerbées*. Lors de la conférence de presse, son attitude et ses manières avaient été *exaspérantes*.

g Les vents avaient fait des dégâts considérables dans plusieurs secteurs des fronts *méridional et occidental*.

h Le ton et la vitesse *vertigineuse* avec lesquels il avait fait son exposé avaient provoqué les rires des spectateurs et des spectatrices *présents*.

i Ce sont des artistes si *talentueuses* qu'elles se sont vu décerner une liste de prix *impressionnante*.

j L'aide d'un décorateur et d'une ensemblière *compétents* pourrait être *précieuse*.

LE PLURIEL DES ADJECTIFS COMPOSÉS

1 **Accordez les adjectifs composés mis entre parenthèses.**

a   Jean ressentit tout à coup de violents malaises *gastro-intestinaux* qu'il ne parvint pas à dissimuler.

b   Les chatons *nouveau-nés* s'étiraient, langoureux, dans les paniers *haut perchés*.

c   Des paniers d'oranges *douces-amères* avaient été disposés parmi les fleurs aux pétales *larges ouverts*.

d   Les rayons ultraviolets du soleil peuvent causer de vilaines brûlures. Aussi faut-il se protéger de leur ardeur *toute-puissante*.

e   Certains coureurs, arrivés *bons premiers*, se reposaient, assis aux *avant-derniers* rangs des gradins.

f   Les minorités *anglo-québécoises* ont fait élire leurs représentants.

g   Une fillette *court-vêtue* arrivait du jardin avec une brassée de tulipes *fraîches cueillies*.

h   « Nous sommes *fin prêts* », avaient affirmé les participants malgré les remarques *aigres-douces* de leurs vis-à-vis.

i   Chez certaines peuplades, les filles *nouveau-nées* étaient souvent mises à mort alors que les fils *premiers-nés* avaient tous les privilèges.

j   Les gazouillis des oiseaux, signes *avant-coureurs* du printemps, semaient la joie par les fenêtres *grandes ouvertes*.

LE PLURIEL DES MOTS DÉSIGNANT LA COULEUR

1 Écrivez correctement les mots mis entre parenthèses.

a Dans les grands arbres, des nids haut perchés protégeaient les vies fragiles des oisillons, boules duveteuses *gris et blanc**.

b De longues écharpes *rouges*, *jaune clair* et *turquoise* folâtraient dans le vent.

c Ses yeux *marron*, remplis de colère, lançaient des éclairs.

d Sur les murs *beige et caramel* du salon venaient se poser les reflets *blanc rosé* du soleil couchant.

e Sur l'étalage du marchand ambulant s'offraient des mouchoirs *safran*, des fichus *bleu de nuit* et des rubans *émeraude*.

f Le tissu à trois bandes *blanches*, *jade* et *crème* espacées régulièrement est vraiment très joli.

g Ses cheveux se teintaient de fils *poivre et sel*, ce qui lui conférait un certain sérieux.

h Des gants *saumon*, un chapeau à pois *verts* et une robe *orangée* lui donnaient beaucoup d'allure.

i À cette présentation de collections, les robes *bleu pétrole*, les pantalons *blanc et marine* et les chemisiers *rose bonheur* se sont succédé à une cadence folle.

j Les soies dans toutes les gammes de vert : *vert bouteille*, *vert forêt* et *vert olive*, allaient fort bien à ses cheveux *châtains*.

---

* Il s'agit ici d'un adjectif composé.
Les oisillons sont gris et blanc, c'est-à-dire tachetés de gris et de blanc.
Si on écrivait *grises et blanches*, on pourrait suggérer l'idée que certains des oisillons sont gris alors que d'autres sont blancs, ce qui ici n'est pas le cas.

LE PLURIEL DES NOMS DE NOMBRE

APPLIQUER de la page 151

1 Écrivez en lettres les nombres apparaissant dans les phrases suivantes.

a Le gros lot a atteint *trois millions* la semaine dernière. Le numéro *neuf cent* a été le numéro chanceux.

b Mon numéro, le numéro *trois cent soixante et un*, est resté bien sagement au fond de la boîte.

c *Cinq mille huit cent quatre-vingts* électeurs se sont présentés aux urnes.

d Des *milliers* de manifestants étaient attendus face au numéro *deux cent*, place Maricourt.

e L'objectif à atteindre est de faire signer *quatre millions huit cent quatre-vingt-dix mille deux cents* personnes. N'est-ce pas irréaliste ?

f Les *vingt* ou *cent* spectateurs présents n'ont guère goûté le spectacle.

g Les pages *cinquante et un* et *quatre-vingt* sont les pages manquantes.

h Lors de son périple européen, Lucie a parcouru *dix mille trois cent vingt et un* kilomètres.

i Mes amies Denise et Marie-Hélène, quant à elles, avaient parcouru, l'année dernière, *huit mille quatre cent quatre-vingt-un* milles.

j Les *deux cents millions* détournés avaient été déposés dans un compte en Suisse.

L'ACCORD DE *NU, DEMI, MI, SEMI, POSSIBLE*

1 Écrivez correctement les mots *nu, demi, mi, semi* et *possible* dans les phrases suivantes.

a   On les avait retrouvées *nu-pieds* et *nu-tête*, *à demi mortes* de faim.

b   Il parlait toujours à *demi-voix* en prenant le plus de précautions *possible*.

c   Les *semi-voyelles* sont, en français, des voyelles consonantiques permettant de former une diphtongue avec une autre voyelle.

d   Nicole avait horreur de ces situations *mi-figue*, *mi-raisin*.

e   Cette pendule sonne les *demies*.

f   Dans les zones *semi-rurales*, les municipalités n'offrent pas les mêmes services.

g   Les lèvres *mi-closes* des statues semblent chuchoter, à la *mi-carême*, qu'il serait bon de céder au plus grand nombre de tentations *possible*.

h   Deux *demis* font un entier.

i   Les murs *nus* de sa prison lui devinrent insupportables après une semaine *et demie* de réclusion.

j   Les visages *à demi voilés* des femmes musulmanes étonnent toujours les touristes occidentaux.

6

L'ACCORD DE *TOUT, QUELQUE, QUEL QUE, MÊME*

1 Écrivez correctement *tout* dans les phrases suivantes.

a Elles me font *toutes* pitié.

b Devant la tempête imminente, les maisons se font *toutes* petites.

c Mes étudiantes n'ont pas *toutes* répondu à cette question de l'examen.

d Ce sont *toutes* d'anciennes amies qui *tout à l'heure* sont venues me saluer.

e Une histoire *tout* aussi invraisemblable que la tienne m'a été racontée.

f *Tout à coup*, les voitures étaient passées à *toute** allure, détruisant *tout* sur leur passage.

g *Toutes* malheureuses et *tout* embarrassées qu'elles soient, elles avaient réussi à le dissimuler.

h Le patron, lui-même, était *toute* réticence devant *tous* ces nouveaux changements.

i *Tous*, petits et grands, l'avaient vu écrit en *toutes lettres* sur *tous* les registres.

j Katia, *tout* essoufflée et *toute* pressée, craignait de ne pouvoir arriver à temps.

k *Toutes* ces batailles, *tout* ce brouhaha, *tout* cela ne l'intéressait plus désormais.

l Mes jeunes sœurs avaient été *tout de suite tout feu tout flamme*.

* « Toute » a ici la valeur d'un adjectif = *à vive allure*.

1 Écrivez correctement *quelque* et *quel que* dans les phrases suivantes.

a Les difficultés sont d'importance, mais *quelles qu*'elles puissent être, ne te décourage pas.

b Elle a fait montre de *quelque* courage, il faut en convenir.

c *Quelques* belles résolutions qu'il ait prises, il ne les tiendra pas.

d Les *quelque* vingt personnes présentes ont pu apprécier l'allocution du président sortant.

e De *quelques* grands dangers que vous soyez menacés, croyez-vous utile d'en faire tout un plat ?

f *Quelle qu*'elle soit, la préposée à la clientèle devra être patiente.

g Un de mes amis voudrait s'installer dans le quartier ouest : il est à la recherche de *quelque* maison à louer. Il ne pourra payer plus que *quelques* centaines de dollars. Trouvera-t-il ?

h Mais, avant d'y arriver, il nous faudra encore marcher *quelques* kilomètres. Courage !

i Votre commentaire, *quelque* pertinent qu'il fût, n'arriva pas au bon moment, voilà tout !

j Avec *quelque* deux cents dollars en poche, où penses-tu aller ?

APPLIQUER de la page 161

1 Écrivez correctement le mot *même*.

a Rien n'avait changé : c'étaient les *mêmes* maisons. Les rues *même* avaient gardé leur charme vieillot. Les parcs *eux-mêmes* semblaient intouchés malgré l'abondance des fleurs.

b Vos revendications, *même* justes, ne trouveront pas d'oreilles sympathiques.

c Deux arbres de *même* essence croissaient librement au milieu du terre-plein.

d François est le vivant portrait de son père : *mêmes* yeux et *mêmes* rêves au fond des yeux.

e Lui qui était la sagesse, la droiture et la générosité *mêmes* n'est malheureusement plus.

f Les feuilles des érables, des chênes, des ormes *même* commencent à tomber.

g Ce sont là des convictions que *même* les plus irrésolues défendraient.

h Elle regrettera ses peurs, ses hésitations et *même* ses scrupules.

i Les filles et les garçons ont offert leurs services. *Vous-même*, Monsieur, en avez-vous fait autant ?

j De nos jours, de tels gestes de solidarité sont quand *même* rares.

ORTHOGRAPHE GRAMMATICALE

LES HOMOPHONES

ON/ONT/ON N', S'EST/C'EST et EST/AIT

APPLIQUER de la page 168

1 Complétez les phrases suivantes en écrivant *on*, *ont* ou *on n'*.

a Ils *ont* beau dire : *on n'*a pas toujours ce que l'*on* veut.

b *On n'*a ni souhaité ni voulu tout ce qui leur est arrivé !

c *On* pensait qu'ils avaient peut-être oublié notre rendez-vous. *On* est parties. Pourtant, *on n'*aurait eu qu'à attendre cinq minutes de plus pour les voir arriver tout essoufflés, nous *ont*-ils raconté par la suite.

d D'ici, *on n'*aperçoit que la pointe du clocher qu'*on* a érigé voilà deux cents ans.

e Dans la nuit noire, *on n'*entend que le bruissement doux qu'*ont* les arbres quand le vent les caresse.

2 Complétez les phrases suivantes en écrivant *s'est* ou *c'est*.

a Quel triste malentendu ! *C'est* arrivé quand Louise *s'est* persuadée qu'elle s'était trompée de jour, alors qu'en fait *c'est* Louis qui avait tout confondu.

b *C'est* ma meilleure amie, *c'est* certain ! Mais, quand elle *s'est* mise à raconter que *c'est* Simon que je préfère, je n'ai pas particulièrement apprécié...

c *S'est*-elle souvenue alors de tout ce j'ai fait pour elle ? Il faut croire qu'elle *s'est* laissé avoir par la promesse que je ne le saurais pas. *C'est* malheureux !

d Ah ! oui. Je me rappelle. Ne *s'est*-il pas marié, l'année dernière ?

e Nul ne *s'est* senti mieux que moi quand *c'est* arrivé.

3 Complétez les phrases suivantes en écrivant *est* ou *ait*.

a De peur que l'on *ait* perdu trop de temps, il *est* entendu qu'à l'avenir nous lui soumettrons tous nos projets.

b Paul *est* parti, il reviendra à condition qu'elle *ait* mis de l'ordre dans ses pensées.

c Que notre patron *ait* été embarrassé par ce qui *est* arrivé, quoi d'étonnant à cela ?

QU'IL/QUI et QU'ELLE/QUELLE

1 Complétez les phrases suivantes en écrivant *qu'il* ou *qui*.

a *Qu'il* soit arrivé le dernier, *qui* s'en étonnera? Chacun ne sait-il pas *qu'il* a beaucoup à faire?

b Il est nécessaire *qu'il* soit là : *qui* pourra mieux que lui s'acquitter de cette tâche?

c Est-il certain *qu'il* fera beau? *Qui* peut l'affirmer? N'a-t-on pas dit *qu'il* allait pleuvoir toute la journée?

d Les mains dans les poches, *qu'il* avait percées, il s'en allait gaiement.

e Denis, *qui* lisait à voix haute afin d'être bien entendu, tenait à ce *qui*, apparemment, n'intéressait personne.

2 Complétez les phrases suivantes en écrivant *qu'elle*, *quelle* ou *quelle qu'elle*.

a Nadia a croisé Émilie par hasard. *Quelle* joie de se revoir! *Qu'elle* a de choses à lui dire!

b *Quelle* sorte de bicyclette comptes-tu acheter? *Quelle qu'elle* soit, garde toujours en tête *qu'elle* doit durer longtemps.

c Il faut *qu'elle* soit bien timide pour refuser cette invitation. Et *quelle* invitation! De Steve, en effet, toute invitation, *quelle qu'elle* soit, est bien tentante. Sans doute *qu'elle* a ses raisons *qu'elle* ne nous avouera pas.

d *Qu'elle* travaille tout l'été est fort heureux, parce *qu'elle* pourra ainsi s'offrir cet équipement de ski alpin *qu'elle* convoite depuis l'hiver dernier. *Qu'elle* s'imagine déjà sur les pentes est probable. *Quelle* merveille aussi que ces longues glissades sur les pentes enneigées! *Quelle* skieuse n'en rêve pas?

e *Quelle qu'elle* soit, sa réponse me satisfera. Je sais *qu'elle* est très occupée. *Quelle* session elle a eue!

3 Récrivez les phrases c) et e) de l'exercice précédent en imaginant que les filles mises en scène sont des garçons.

— *Il faut **qu'il** soit bien timide pour refuser cette invitation. Et, quelle invitation! De Steve, en effet, toute invitation, quelle qu'elle soit, est bien tentante. Sans doute **qu'il** a ses raisons **qu'il** ne nous avouera pas.*

— *Quelle qu'elle soit, sa réponse me satisfera. Je sais **qu'il** est très occupé. Quelle session il a eue!*

AUSSITÔT/AUSSI TÔT, PLUTÔT/PLUS TÔT, et *BIENTÔT/BIEN TÔT*

APPLIQUER de la page 175

1 Complétez les phrases suivantes en écrivant *aussitôt* ou *aussi tôt*.

a *Aussitôt* six heures sonnées, le voilà debout, qu'il le veuille ou non. *Aussitôt* il se met en route. Il le faut bien pour arriver *aussi tôt* que le patron.

b Combien de gens s'imaginent qu'il faut travailler *aussi tôt* le matin ?

c Le soir venu, il s'endort *aussitôt* qu'il est au lit. C'est là un des avantages de se lever *aussi tôt*.

d Se lever frais et dispos, *aussitôt* que le réveil sonne, ce n'est possible que si on a une excellente hygiène de vie.

e *Aussitôt* cet exercice terminé, bien qu'il soit *aussi tôt*, je m'en vais dormir.

2 Complétez les phrases suivantes en écrivant *bientôt* ou *bien tôt*.

a On est là à patienter depuis *bientôt* une heure. Qu'attend-on pour s'en aller ? « *Bientôt*, elle sera là, attendons encore », me supplie-t-il.

b Deux heures, il est *bien tôt* pour déjà se préparer à partir.

c *Bientôt* la fin du film ! Et, il est *bien tôt* dans la soirée. En tout cas, trop tôt pour rentrer à la maison. Si nous allions à la discothèque ? Sans doute, Christian nous y rejoindra *bientôt*.

d Au revoir et à *bientôt* !

3 Complétez les phrases suivantes en écrivant *plutôt* ou *plus tôt*.

a La journée fut *plutôt* fatigante. Je ne suis pas fâchée de me coucher *plus tôt*.

b *Plutôt* que de se joindre à nous, il préféra partir seul et beaucoup *plus tôt*.

c Ah ! comme j'aurais aimé finir ce travail *plus tôt* ! *Plutôt* que de me casser la tête sur ces exercices, j'irais au cinéma.

d Si tu venais *plus tôt*, nous pourrions déjeuner ensemble *plutôt* que de commencer immédiatement nos recherches.

PARCE QUE/PAR CE QUE, QUELQUEFOIS/QUELQUES FOIS et QUOIQUE/QUOI QUE

1 Complétez les phrases suivantes en écrivant *quoique* ou *quoi que*.

a Te souviendras-tu que nous avons rendez-vous ? *Quoi que* tu me répondes, avec toi, je ne suis sûr de rien, *quoique* la dernière fois, je dois l'admettre, tu fis exception.

b *Quoique* Roch soit le plus compétent, le poste lui a été refusé. Il s'agit là d'une injustice *quoi qu'*on en dise.

c *Quoi qu'*il arrive, sache que tu peux compter sur moi.

d Pour sa vieille voiture, on lui a donné mille dollars, *quoiqu'*elle n'en valait pas trois cents. Curieux !

e *Quoi que* nous choisissions comme activité, avec Luc, nous sommes toujours certains de nous amuser, *quoi qu'*en pensent les rabat-joie.

2 Complétez les phrases suivantes en écrivant *parce que* ou *par ce que*.

a N'ayons pas l'air trop émerveillés *par ce que* nous verrons, *parce qu'*alors, nous pourrions passer pour des ignorants.

b Ne nous laissons pas impressionner *par ce qu'*il nous a dit, *parce que*, finalement, est-ce si extraordinaire ?

c C'est surtout *par ce que* quelqu'un fait et non *par ce qu'*il dit qu'il faut l'évaluer, *parce que* se vérifie souvent, dans la vie, l'adage : « Grand parleur, petit faiseur ».

d *Par ce que* la faim dans le monde a comme conséquence sur l'avenir des peuples touchés, les pays riches doivent accroître leur aide.

e *Parce que* la faim dans le monde représente une menace pour l'ensemble du développement des autres pays, les pays riches doivent accroître leur aide.

3 Complétez les phrases suivantes en écrivant *quelquefois* ou *quelques fois*.

a Les *quelques fois* où elle perd son sang-froid sont pour Josée de bien mauvais souvenirs. *Quelquefois*, elle s'excuse, mais, le plus souvent, elle ronge son frein.

b Il peut arriver que *quelquefois* on se trompe en pensant avoir raison. Il faut alors, ces *quelques fois* où ça arrive, accepter d'écouter avec objectivité les arguments des autres.

c Je ne nierai pas que *quelquefois*, en effet, j'oublie jusqu'à mon nom...

DAVANTAGE/D'AVANTAGE/D'AVANTAGES, LEUR/LEURS et PRÈS/PRÊT

APPLIQUER de la page 183

1 Complétez les phrases suivantes en écrivant *davantage*, *d'avantage* ou *d'avantages*.

a Vous conviendrez qu'il y a plus *d'avantages* à procéder de cette façon.

b Vous en feriez *davantage* que je trouverais cela suspect.

c *Davantage* il réfléchissait, *davantage* il se convainquait : « Ma situation présenterait alors bien plus *d'avantages* que maintenant. »

d Maîtriser l'informatique est, par les temps qui courent, une qualité pleine *d'avantages*.

2 Complétez les phrases suivantes en écrivant *leur* ou *leurs*.

a *Leur* session terminée, il ne *leur* restera plus qu'à plier bagages : *Leurs* réservations sont faites, la France *leur* ouvre les bras.

b *Leur* avez-vous bien indiqué la route à suivre ? Notre carte est peut-être périmée. La *leur*, je crois, ne vaut guère mieux.

c Nos examens ont été très difficiles. Les *leurs* aussi !

d Nous *leur* avions répété souvent combien *leur* avis était précieux.

e En cas de besoin, ne devons-nous pas *leur* donner un coup de main ? N'en doutons pas, *leur* reconnaissance nous serait acquise éternellement.

3 Complétez les phrases suivantes en écrivant *près* ou *prêt*.

a Rien ne l'intéresse ou à peu *près*.

b Tout *près*, Alain et Richard, *prêts* à croire qu'elles seront *prêtes* dans moins de cinq minutes, attendent ces demoiselles.

c Sylvie affirme : « Je suis *prête* à te faire ce *prêt*, mais tu dois me rembourser dans six mois, tu entends ! »

d « Viens plus *près* », lui suggéra-t-il.

DONC/DONT et *OU/OÙ*

APPLIQUER de la page 186

1 Complétez les phrases suivantes en écrivant *donc* ou *dont*.

a Vous croyez *donc* que cette histoire *dont* je vous ai fourni tous les détails est invraisemblable.

b *Donc*, si tu veux, ce film *dont* la projection a lieu ce soir, nous irons le voir ensemble.

c La pluie tombe toujours ; adieu *donc* excursion en vélo !

d Flora t'envoie un colis *dont* le contenu te surprendra ; ne sois *donc* pas fâchée contre moi.

e Le voyage *dont* je t'ai parlé t'intéresse ! Nous partirons *donc* le 2 juin prochain.

2 Complétez les phrases suivantes en écrivant *ou* ou *où*.

a Mylène *ou* Rodrigue seront alors disponibles. Mais, *où* les atteindre ?

b D' *où* venez-vous par un temps pareil ? On vous a cherchés partout. Il n'y a pas un endroit *où* on n'a pas téléphoné.

c Le pays *où* il a résidé pendant de nombreuses années vient de l'honorer.

d Ce coin de terre *où* il est né, il le chérit plus que tout.

e Il est possible qu'elle soit encore chez elle, *ou* alors elle sera déjà partie.

DANS/D'EN, SANS/S'EN/C'EN et QUAND/QUANT/QU'EN

1 **Complétez les phrases suivantes en écrivant *sans*, *s'en* ou *c'en*.**

a La tempête s'est calmée doucement *sans* qu'on *s'en* soit aperçus.

b J'ai mis une cacahuète sur le bord de ma fenêtre. Un écureuil *s'en* est approché et *s'en* est emparé *sans* s'effrayer de ma présence. Mais, *c'en* est trop! Voilà le chat du voisin!

c Le vent secouait l'arbre du jardin. Des feuilles *s'en* détachaient et *s'en* allaient virevolter plus loin *sans* savoir où elles tomberaient.

d *Sans* la certitude qu'il *s'en* tirerait, il n'aurait pu s'accrocher si fort à la guérison.

e *C'en* est fini de toutes ces émotions! Pourtant, elle ne *s'en* est jamais remise depuis. *Sans* votre aide, que serait-elle devenue?

2 **Complétez les phrases suivantes en écrivant *quand*, *quant* ou *qu'en*.**

a Quelle joie *quand* je te vois arriver! *Quand* je pense *qu'en* cours de route, tu dois t'arrêter constamment pour vérifier ton chargement, je m'inquiète toujours.

b Il faut dire *qu'en* ce temps-là, ils ne pouvaient profiter de l'informatique.

c Rien *qu'en* voyant ton visage, je vois bien *quand* ça ne va pas.

d Les tulipes ont fleuri à profusion; *quant* aux impatientes, elles boudent.

e Si nous allions à la piscine; *qu'en* dis-tu?

3 **Complétez les phrases suivantes en écrivant *dans* ou *d'en*.**

a *D'en* venir à bout, il ne pensait jamais y arriver!

b J'entrai *dans* le ruisseau, mais l'eau était si froide que je me hâtai *d'en* sortir.

c J'ai écrit à Marc au sujet de la date de mon arrivée. Dans sa réponse, Myriam me demande *d'en* parler à ton père.

d Quand donc s'arrêtera-t-elle *d'en* faire autant? Il devient urgent *d'en* parler, elle va s'épuiser.

SI/S'Y et *NI/N'Y*

APPLIQUER de la page 193

1 **Complétez les phrases suivantes en écrivant *si* ou *s'y*.**

a *Si* je ne m'abuse, cet exercice *si* long t'ennuie.

b La liste te semble interminable ! Il *s'y* ajoute pourtant encore ceci et cela... Alors, *si* le cœur t'en dit, continuons.

c Tout va bien *si* ce n'est de cette erreur dans le libellé de l'article. Oui, quel ennui ! On pense que tout sera parfait, mais il *s'y* glisse toujours quelque part un petit quelque chose de déplorable.

d L'idée est exaltante, *si* tant est qu'elle soit réaliste.

e On est *si* contentes que tu sois avec nous. À cette rencontre, on *s'y* est préparées avec tant d'enthousiasme que de t'avoir près de nous décuple notre joie.

2 **Complétez les phrases suivantes en écrivant *ni* ou *n'y*.**

a *Ni* les reproches, *ni* les blâmes *n'y* changeront rien.

b Il faut croire que *ni* la tarte aux pommes *ni* le sorbet aux fraises n'avaient réussi à le séduire. Il *n'y* avait pas touché à notre grande surprise.

c *Ni* lui, *ni* moi ne pouvons affirmer *n'y* avoir jamais pensé !

d *N'y* va pas qui veut, à cette réunion. *Ni* les cadres subalternes, *ni* les vice-présidents ne sont invités.

e Il *n'y* avait jamais mis les pieds. Voilà pourquoi, il était si impressionné.

ORTHOGRAPHE LEXICALE

ACTIVITÉS

ORTHOGRAPHE LEXICALE — ACTIVITÉS

Donnez une brève définition des mots suivants d'origine grecque.

a   cacophonie : *sons discordants*

b   mélomane : *qui aime la musique*

c   chorégraphie : *art d'écrire les danses, les mouvements*

d   autobiographie : *vie d'un individu écrite par lui-même*

e   cocaïnomane : *usage immodéré de la cocaïne*

f   héliothérapie : *traitement de certaines maladies par la lumière et la chaleur du soleil*

g   géographie : *étude des phénomènes de la surface de la Terre*

h   symphonie : *ensemble de sons harmonieux*

i   polythéisme : *doctrine qui admet l'existence de plusieurs dieux*

j   télégramme : *message transmis par les airs*

Pourquoi un accent circonflexe dans le mot :	Parce qu'il y avait autrefois un « s », comme le prouve le mot :
côte	*accoster*
épître	*épistolier*
fête	*festival*
fenêtre	*défenestration*
forêt	*forestier*
goût	*gustatif*
hôpital	*hospitalisation*

ÉVALUATION FORMATIVE

TEXTES À CORRIGER

1

TEXTE À CORRIGER

QUELQUES MOTS EN PASSANT...

Me pardonnerez-vous ces textes torturés **où** j'exercerai plus d'une fois votre patience? Sciemment, je glisserai çà et là **quelques erreurs** qu'il vous faudra **repérer** et, bien évidemment, **corriger**. **Quelquefois** même, il vous semblera vain de vous **torturer** à ce point les méninges. **Quelque** ennuyeuse que soit cette façon de faire, il est certain que tous, garçons et filles, trouveront là matière à discussion. **Quoi que** vous en pensiez, **quoique** vous vous en plaigniez peut-être, ces textes **auxquels** je **recourrai**, trop souvent à votre avis, vous **permettront** sûrement de faire quelque progrès en orthographe.

Quelle que soit la nature des erreurs **relevées**, vous trouverez dans ce cahier tout ce qu'il vous faut pour les **corriger**. Et parfois, le dictionnaire sera un outil précieux. Parions que bon nombre des plus futés d'entre vous **trouveront** chaussure à **leur pied**. Plus d'un se **lamentera**, bien sûr! Moins de deux **abandonneront**, du moins espérons-le! La plupart de ces textes **recèlent** de nombreux pièges. Faut-il pour autant se décourager? Que non!

L'expérience, tout comme mon désir de vous voir exceller, me **convainc** que quiconque veut réussir, **quelle que** soit l'importance des lacunes **accumulées**, **résout** assez facilement toutes ces difficultés. **Même** les plus indisciplinés, emportés par l'enthousiasme, se seront assagis et trouveront dans ces **quelques** lignes offertes à leur sagacité de quoi satisfaire **leur besoin** de défis nouveaux.

Sache donc, cher étudiant qui te **donnes** la peine de lire ces lignes, que l'attention et la réflexion **seules** t'épargneront bien des fautes. Si tu veux réussir, **songe** qu'il te faut aussi préparer soigneusement les exercices proposés et, surtout, retenir toutes ces règles dont plus d'une te **semblera incohérente**. De plus, **quelques** graves échecs que tu **aies** pu subir, ne te **laisse**

surtout pas décourager. Si tu **déploies** une énergie suffisante, tu te riras un jour de toutes ces règles qui, aujourd'hui, te **causent** tant de soucis.

Parmi ces étudiants qu'**effraye** (ou **effraie**) l'étude de la grammaire et de l'orthographe, on en a vu plusieurs qui se sont **tirés** avec succès d'une situation qu'ils avaient eux-**mêmes** jugée **désespérée**. Ces **quelques fois** où ils récoltèrent leurs premiers succès **leur étaient apparues** le fruit d'un hasard inespéré. Mais, le succès étant de plus en plus souvent au rendez-vous, il **fallut** reconnaître que tant d'efforts **avaient** enfin produit les résultats escomptés.

Puisse-t-il en être de même pour chacun et chacune d'entre vous !

SOUVENEZ-VOUS :

1. où : Il s'agit du pronom relatif *où* (antécédent : *ces textes torturés*), qui s'écrit toujours avec un accent.

2 et 3. quelques erreurs : Ici, forcément il y en a plus d'une.

4. repérer : Lorsque deux verbes se suivent, le deuxième est toujours à l'infinitif.

> TRUC   Remplacer le deuxième verbe par *vendre*.

5. corriger : Lorsque deux verbes se suivent, le deuxième est toujours à l'infinitif.

> TRUC   Remplacer le deuxième verbe par *vendre*.

6. quelquefois : Il s'agit ici de l'adverbe *quelquefois* qui a le sens de *parfois*.

7. torturer : Lorsqu'un verbe est précédé d'une préposition, il est toujours à l'infinitif.

> TRUC   Remplacer le verbe par *vendre*.

8. quelque : Il s'agit ici de l'adverbe de quantité *quelque... que*, qui encadre un adjectif *ennuyeuse*, et qui a le sens de « bien que » : invariable.

9. quoi que : Il s'agit ici du pronom relatif indéfini *quoi que*, en deux mots, qui a le sens de « quelle que soit la chose que ».

10. quoique : Il s'agit ici de la conjonction *quoique*, qui a le sens de « bien que ».

11. auxquels : L'antécédent du pronom relatif *auxquels* est *à ces textes*, masc. plur.

12. recourrai : *Recourir*, comme *courir*, prend deux « r » au futur.

13. permettront : Le sujet du verbe est *ces textes*, séparé par un écran.

14. relevées : Le participe passé employé comme adjectif s'accorde avec le nom auquel il se rapporte : *erreurs*, fém. plur.

15. corriger : Lorsqu'un verbe est précédé d'une préposition, il est toujours à l'infinitif.

> TRUC   Remplacer le verbe par *vendre*.

16. trouveront : Le sujet est ici la locution adverbiale de quantité *bon nombre de* suivie d'un complément : *des plus futés d'entre vous*. Le verbe s'accorde avec ce complément.

17 et 18. leur pied : Le sens de cette expression est « chacun trouvera une chaussure à son pied ».

19. lamentera : Le sujet est ici la locution adverbiale de quantité *plus de* suivie d'un complément : *un*. Le verbe s'accorde avec ce complément.

20. abandonneront : Le sujet est ici la locution adverbiale de quantité *moins de* suivie d'un complément : *deux*. Le verbe s'accorde avec ce complément.

21. recèlent : Le sujet est ici la locution adverbiale de quantité *la plupart de* suivie d'un complément : *ces textes*. Le verbe s'accorde avec ce complément.
Attention ici : le verbe *receler*, verbe en *-eler*, devrait doubler le « l » devant une syllabe muette. Cependant, *receler* est une exception. Il faut donc que l'on écrive ici un « è » devant la syllabe muette.

22. convainc : Lorsque deux sujets sont unis par *comme*, *ainsi que*, *de même que*, le verbe s'accorde avec le premier sujet si *comme* a une valeur comparative et non additive. Notez que le second sujet est le plus souvent encadré par des virgules.

23. quelle que : Il s'agit ici de la locution *quel que*, en deux mots, qui se place immédiatement devant le verbe *être*. *Quel* prend alors le genre et le nombre du sujet du verbe *être* : *l'importance*.

24. accumulées : Le participe passé employé comme adjectif s'accorde avec le nom auquel il se rapporte : *lacunes*, fém. plur.

25. résout : Les verbes en *-soudre* ne conservent le « d » qu'au futur et au conditionnel. Le sujet est ici *quiconque veut réussir*, 3e pers. du sing.

26. même : *Même*, adverbe, signifie « aussi » : invariable.

27. quelques : Il s'agit ici du déterminant indéfini *quelque*, qui a le sens de « plusieurs ».

28 et 29. leur besoin : Chacun a « un besoin de défis nouveaux ».

30. Sache : Il s'agit ici du mode impératif, 2e pers. du sing.

31. donnes : Il s'agit toujours ici de la 2ᵉ pers. du sing. L'interpellation doit se lire comme suit : « Cher étudiant, **toi** qui te donnes... ».

32. seules : L'adjectif qualificatif épithète s'accorde avec les noms auxquels il se rapporte : *l'attention et la réflexion*, fém. plur.

33. songe : Il s'agit toujours ici du mode impératif, 2ᵉ pers. du sing. Au mode impératif, les verbes du premier groupe perdent toujours le « s » final à la 2ᵉ pers. du sing.

34. semblera : Le sujet est ici la locution adverbiale de quantité *plus de* suivie d'un complément : *une*. Le verbe s'accorde avec ce complément.

35. incohérente : L'adjectif qualificatif, ici attribut du sujet, s'accorde avec le sujet du verbe : *une*, fém. sing.

36. quelques : Il s'agit ici du déterminant indéfini *quelque*, qui a le sens de « plusieurs ».

37. aies : Au subjonctif présent, le verbe *avoir* présente les formes suivantes : *aie, aies, ait, ayons, ayez, aient*.

38. laisse : Il s'agit toujours ici du mode impératif, 2ᵉ pers. du sing. Au mode impératif, les verbes du premier groupe perdent toujours le « s » final à la 2ᵉ pers. du sing.

39. déploies : Les verbes en *-oyer*, comme déployer, changent l'« y » en « i » devant un « e » muet.

40. causent : L'antécédent du pronom *qui*, sujet, est ici *toutes ces règles*, 3ᵉ pers. du plur.

41. effraie : Le sujet *l'étude de la grammaire et de l'orthographe*, 3ᵉ pers. du sing., est placé par inversion après le verbe.

42. tirés : *Se tirer de* est un verbe accidentellement pronominal. Le pronom réfléchi *se* est C.O.D. L'accord du participe passé se fait avec ce pronom C.O.D. dont l'antécédent est *qui*, lui-même pronom ayant pour antécédent *plusieurs*, masc. plur.

43. mêmes : *Même*, adjectif indéfini, marque ici l'insistance. Il prend le nombre du pronom personnel, auquel il se joint par un trait d'union.

44. désespérée : L'adjectif qualificatif, ici attribut du C.O.D., s'accorde en genre et en nombre avec le nom dont il est l'attribut : *une situation*, fém. sing.

45. quelques fois : Il s'agit ici du déterminant indéfini *quelques* suivi du nom *fois*. En effet, le sens est ici « le petit nombre de fois ».

46. leur : Il s'agit ici du pronom personnel *leur*, qui renvoie à un antécédent au pluriel. Il est toujours invariable.

47. étaient : Le sujet est *ces quelques fois*, 3ᵉ pers. du plur.

48. apparues : Un participe passé employé avec l'auxiliaire *être* s'accorde en genre et en nombre avec le sujet du verbe. Ici, le sujet est *ces quelques fois*, fém. plur.

49. fallut : Il s'agit ici de l'indicatif passé simple. Pour écrire *fallût*, il faudrait employer le subjonctif imparfait, 3ᵉ pers. du sing.

50. avaient : Le sujet est ici la locution adverbiale de quantité *tant de* suivie d'un complément *efforts*. Le verbe s'accorde avec ce complément.

2

TEXTE À CORRIGER

LE BILLARD

Lesquels d'entre vous, chers lecteurs ou lectrices, ne **se** sont jamais **retrouvés** devant une table de billard ? La plupart, vous en conviendrez, **connaissent** le jeu pour l'avoir vu se jouer au moins une fois. **Quels que** soient vos goûts, aussi **différents** que multiples, vous ne pouvez que **soupçonner** les plaisirs **inouïs** que procure le billard à ceux qui en ont fait **leur principale activité**.

Le billard a **connu** et connaît encore quantité d'**adeptes** jusque dans les coins les plus reculés. Aux États-Unis en particulier, il fait **partie** de l'amalgame **bigarré** des mœurs de l'Amérique prolétaire. Il fut **dépeint** à maintes reprises par plusieurs créateurs de tout genre et de tout horizon, qui, tous, le **considéraient** comme l'une des activités **privilégiées** de l'anti-héros. Ainsi, dans *Sur la route*, de Jack Kerouack, Dean Moriarty passe de longues journées d'hiver dans les salles de billard **enfumées** de Brookland à boire de la bière en **fût** et à concocter de fabuleuses épopées vers l'ouest. De même, dans le film *Rumble Fish*, de Francis Ford Coppola, Motorcycle Boy, incarné par Mickey Rourke, **traverse** ses nuits, **accoudé** à **quelque table** de billard. Enfin, **nul** autre que Tom Waits, chanteur à la voix **enrouée** qui **véhicule** les valeurs moribondes des **bas-fonds**, n'a mieux défendu les vertus du jeu. **Tous** ceux qui connaissent le charme **envoûtant** des mélodies de Waits savent désormais **apprécier davantage** les plaisirs désœuvrés du billard.

Si l'on ne possède pas à domicile une table de billard, on se rendra dans l'un de ces lieux qui **rassemblent** adeptes et partisans : la salle de billard. **Quoiqu**'on y vienne principalement pour jouer au billard, **cet** espace revêt un cachet unique pour peu que l'**on** se laisse tranquillement bercer par le charme **alangui** du lieu. L'amusement, le plaisir et finalement la **frénésie** que l'on **éprouve** au cours d'une première partie de billard ne doivent rien au hasard.

La salle connaît habituellement une faible activité diurne, alors qu'elle s'égaie progressivement la nuit **venue**. Dans les brouhahas des conversations et des bruits secs du choc des billes, les amateurs s'exercent, **nonchalants** et paresseux. Lieu **béni** des noctambules, elle laisse libre cours **aux divagations nocturnes** des joueurs insomniaques. Là, **où** la vie se résume aux feutres **olive** des tapis et où le temps se mesure **au nombre incalculable** de parties jouées, sont **encouragées** et **recherchées** les considérations philosophiques. À vous donc de vous **laisser** éventuellement **imprégner** par l'ambiance inspirante de quelque salle de billard.

SOUVENEZ-VOUS :

1. **Lesquels** : Le pronom relatif *lequel* prend toujours le genre et le nombre de son antécédent : *chers lecteurs ou lectrices,* masc. plur.

2 et 3. **se** sont **retrouvés** : *Se retrouver* est un verbe accidentellement pronominal. Le pronom réfléchi *se* est ici C.O.D. L'accord du participe passé se fait avec ce pronom C.O.D., dont l'antécédent est *Lesquels,* masc. plur.

4. **connaissent** : Le sujet est ici la locution adverbiale de quantité *la plupart*, qui demande toujours l'accord du verbe au pluriel.

5. **Quels que** : Il s'agit ici de la locution *quel que*, en deux mots, qui se place immédiatement devant le verbe *être*. Quel prend alors le genre et le nombre du sujet du verbe *être : vos goûts*.

6. **différents** : L'adjectif verbal *différent* présente une finale en *-ent* différente de celle en *-ant* du participe présent.

7. **soupçonner** : Lorsque deux verbes se suivent, le deuxième est toujours à l'infinitif.

   | TRUC | Remplacer le deuxième verbe par *vendre*.

8. **inouïs** : *inouï* s'écrit toujours avec un tréma.

9, 10 et 11. **leur principale activité** : Le sens commande le singulier : chacun a une activité principale.

12. **connu** : Un participe passé employé avec l'auxiliaire *avoir* s'accorde en genre et en nombre avec le C.O.D. si celui-ci est placé avant. Ici, le C.O.D., *quantité d'adeptes*, est placé après : le participe reste invariable.

13. **adeptes** : Après une locution adverbiale de quantité, le complément se met au pluriel.

14. **partie** : Dans la locution verbale *faire partie de*, *partie* s'écrit avec un « e ». Ne pas la confondre avec *tirer parti de* et *prendre parti*.

15. **bigarré** : L'adjectif qualificatif épithète s'accorde avec le nom auquel il se rapporte : *l'amalgame*, masc. sing.

16. **dépeint** : Les verbes en *-indre* ne conservent le « d » que devant « r », donc qu'au futur et au conditionnel. À la 3ᵉ pers. du sing. de l'indicatif présent, la finale est donc « t ».

17. **considéraient** : L'antécédent du pronom *qui* sujet est ici *plusieurs créateurs...*, 3ᵉ pers. du plur.

18. **privilégiées** : L'adjectif qualificatif épithète s'accorde avec le nom auquel il se rapporte : *des activités*, fém. plur.

19. **enfumées** : L'adjectif qualificatif épithète s'accorde avec le nom auquel il se rapporte : *les salles*, fém. plur.

20. **fût** : Prend toujours un accent circonflexe. Cet accent remplace le « s » de l'étymon latin *fustis* (« bâton »), qui a aussi donné *fustiger*, où le « s » s'est conservé.

21. **traverse** : Le sujet est « Motorcycle Boy », 3ᵉ pers. du sing., séparé par un écran.

22. **accoudé** : L'adjectif qualificatif, ici mis en apposition, s'accorde avec le nom auquel il se rapporte : *Motorcycle Boy*, masc. sing.

23 et 24. **quelque table** : Il s'agit ici du déterminant indéfini *quelque*, qui a le sens de « une quelconque » : singulier.

25. **nul** : Le pronom indéfini *nul* s'emploie toujours au masculin, sauf lorsque le contexte indique clairement que ce pronom ne désigne que des femmes. Ex. : Nulle ne pourrait jouer ce rôle.

26. **enrouée** : L'adjectif qualificatif épithète s'accorde avec le nom auquel il se rapporte : *la voix*, fém. sing.

27. **véhicule** : L'antécédent du pronom *qui* sujet est ici *chanteur*, 3ᵉ pers. du sing.

28. **bas-fonds** : Il s'agit ici d'un nom composé formé d'un adjectif et d'un nom.

29. **a** : Le sujet est *Nul*, 3ᵉ pers. du sing., séparé par un écran.

30. **Tous** : *Tout* joue ici le rôle d'un déterminant. Comme tel, il s'accorde en genre et en nombre avec *ceux*, masc. plur.

31. **envoûtant** : Ce mot prend toujours l'accent circonflexe.

32. **apprécier** : Lorsque deux verbes se suivent, le deuxième est toujours à l'infinitif.

   ⎍ TRUC ⎍ Remplacer le deuxième verbe par *vendre*.

33. **davantage** : Il s'agit ici de l'adverbe puisque l'on peut le remplacer par *plus*.

34. **rassemblent** : L'antécédent logique du pronom *qui* sujet est ici *ces lieux*, 3ᵉ pers. du plur. En effet, le sens est ici : « On se rendra dans un lieu parmi ces lieux qui rassemblent... ».

35. **quoique** : Il s'agit ici de la conjonction de subordination *quoique*, qui a le sens de *bien que*.

36. **cet** : Le déterminant démonstratif s'accorde avec le nom qu'il détermine : *espace*, masc. sing.

37. on : Il s'agit ici du pronom personnel *on*, lequel est toujours sujet du groupe verbal.

38. alangui : L'adjectif qualificatif épithète s'accorde avec le nom auquel il se rapporte : *le charme*, masc. sing.

39. frénésie : S'écrit avec un « e » final.

40. éprouve : Le sujet est le pronom *on*, 3ᵉ pers. du sing.

41. venue : Le participe passé employé comme adjectif s'accorde avec le nom auquel il se rapporte : *la nuit*, fém. sing.

42. nonchalants : L'adjectif qualificatif, ici mis en apposition, s'accorde avec le nom auquel il se rapporte : *les amateurs*, masc. plur.

43. béni : Le participe passé employé comme adjectif s'accorde avec le nom auquel il se rapporte : *lieu*, masc. sing. Ici, le mot ne prend pas le « t » final parce qu'il n'a pas le sens de « consacré par une cérémonie liturgique ».

44, 45 et 46. aux divagations nocturnes : Le sens commande ici le pluriel.

47. où : Il s'agit ici du pronom relatif *où* (antécédent : *Là*), qui s'écrit toujours avec un accent.

48. olive : Un nom employé pour désigner la couleur est toujours invariable (les feutres sont de la couleur de l'olive).

49, 50 et 51. au nombre incalculable : Le sens commande ici le singulier (« se mesure à un nombre incalculable de »).

52 et 53. encouragées et **recherchées** : Un participe passé employé avec l'auxiliaire *être* s'accorde en genre et en nombre avec le sujet du verbe. Ici, le sujet est *les considérations philosophiques*, fém. plur.

54. laisser : Lorsqu'un verbe est précédé d'une préposition, il est toujours à l'infinitif.

> TRUC Remplacer le verbe par *vendre*.

55. imprégner : Lorsque deux verbes se suivent, le deuxième est toujours à l'infinitif.

> TRUC Remplacer le deuxième verbe par *vendre*.

3

TEXTE À CORRIGER

ÉVALUATION FORMATIVE des pages 221 et 222

UNE JOURNÉE DE NEIGE

Ce matin, au lever, plus d'un et plus d'une **s'émerveillèrent** de la blancheur soudaine du paysage. La plupart se **réjouirent**. Ski et glissades, patin et promenades en traîneau feront désormais **partie** de nos fins de semaine. Mais pourvu que cette neige **fraîche** tombée ne s'évanouisse pas aux premiers rayons du soleil! Tous le souhaitent.

Combien **étaient déçus** la semaine dernière! La nature, généreuse, nous avait fait la surprise d'un matin tout blanc qu'**avait** hélas! vite **avalé**, triomphant, un soleil railleur. Mais, en cette fin de décembre, il semble **acquis** que, cette fois, la neige restera. **Paré** de blanc, le paysage a **atteint** une magnificence nouvelle. Les branches des arbres, **habillées** de cette dentelle scintillante, ont **crû** de **quelques centimètres**.

La montagne déroule aux skieurs ravis **ses** kilomètres de pistes qu'ils envahiront bientôt dans un joyeux désordre. Colette et Francis se sont, ce matin, **levés tout guillerets**. Des journées comme **celle-ci**, ils n'en ont pas **eu** depuis longtemps. La voiture qu'ils ont **déneigée** participe à sa manière à leur enthousiasme. Réticente souvent, elle s'est **montrée** étonnamment obéissante en démarrant au premier appel. La tante et le neveu se sont **préparé** un dîner copieux, de peur d'être **privés**, par les files d'attente à la cafétéria, d'heures précieuses de ski. La dernière fois, les gens qu'ils ont **vus** se désespérer de ne pouvoir trouver rapidement **quelque nourriture** étaient si nombreux qu'ils s'étaient **juré** de trouver un moyen d'échapper à **pareille** cohue. Et ce dîner, quel dîner **c'**était! Il le fallait. Après trois heures de remontées et de descentes, la quiche **tout** entière, **quoique** nutritive à souhait, ne suffira pas à satisfaire l'appétit de Francis. Encore faudra-t-il salade d'**épinards** aux feuilles **vert foncé** appétissantes, biscuits au gingembre encore **tout** parfumés, tout **droit** sortis du four, maints jus et grappes de raisins! **Quelquefois**, on se prend à craindre de ne pouvoir jamais satisfaire pareil appétit.

La journée est splendide. Des skieurs, on n'en a jamais **vu** en aussi grand nombre. Tous d'excellente humeur, **y compris** les quelques résidantes de l'endroit qu'**avait effrayées** la perspective de voir s'implanter là un centre de ski d'une telle envergure. **Passé** les premiers mois de négociation, la situation s'était grandement **améliorée**, les promoteurs ayant promis de garder **intacts** les abords du lac.

Colette et Francis, au terme de leur journée, transis soudain par un froid rendu palpable par l'absence du soleil, se sont **donné** rendez-vous pour une **toute** dernière descente. Après s'être **gorgés** d'air pur, c'est à regret que, comme eux, bon nombre **rangeront** skis et bottines dans le coffre de la voiture.

SOUVENEZ-VOUS :

1. **s'émerveillèrent** : Le sujet est ici les deux locutions adverbiales de quantité « plus de » suivies de leur complément : *un* et *une*. Le verbe s'accorde avec ces compléments.

2. **réjouirent** : Le sujet est ici la locution adverbiale de quantité *la plupart*, qui commande toujours l'accord du verbe au pluriel.

3. **partie** : Dans la locution verbale *faire partie de*, *partie* s'écrit avec un « e ». Ne pas la confondre avec *tirer parti de* et *prendre parti*.

4. **fraîche** : Bien que l'adjectif *frais* soit devenu adverbe dans *frais tombé*, il s'accorde, comme un adjectif, avec *la neige*, fém. sing. De plus, notez que *frais* fait *fraîche* au féminin.

5. **étaient** : Le sujet est ici l'adverbe de quantité *combien*, qui est de sens pluriel.

6. **déçus** : Un participe passé employé avec l'auxiliaire *être* s'accorde en genre et en nombre avec le sujet du verbe. Ici, le sujet est l'adverbe de quantité *combien*, qui est de sens pluriel et masculin lorsque le contexte n'indique pas qu'il s'agit uniquement de femmes.

7. **avait** : Le sujet *un soleil railleur*, 3e pers. du sing., est placé par inversion après le verbe.

8. **avalé** : Un participe passé employé avec l'auxiliaire *avoir* s'accorde en genre et en nombre avec le C.O.D. si celui-ci est placé avant. Ici, le C.O.D. est *qu'* (antécédent : *un matin tout blanc*), masc. sing., placé avant le participe.

9. **acquis** : Le participe passé employé comme adjectif attribut s'accorde avec le sujet du verbe : *il*, masc. sing.

10. **paré** : Le participe passé employé comme adjectif s'accorde avec le nom auquel il se rapporte : *le paysage*, masc. sing.

11. **atteint** : Les verbes en -*indre* ne conservent le « d » que devant « r », donc qu'au futur et au conditionnel. Au participe passé, la finale est donc « t », puisque le féminin ferait *atteinte*.

12. **habillées** : Le participe passé employé comme adjectif s'accorde avec le nom auquel il se rapporte : *les **branches** des arbres*, fém. plur.

13. **crû** : Un participe passé employé avec l'auxiliaire *avoir* s'accorde en genre et en nombre avec le C.O.D. si celui-ci est placé avant. Ici, le verbe *croître*, verbe intransitif, ne peut avoir de C.O.D. : invariable. De plus, le verbe *croître* prend un accent circonflexe sur le « u » pour se distinguer du verbe *croire*.

14 et 15. quelques centimètres : Ici, *quelque*, déterminant, a le sens de « plusieurs » : pluriel.

16. **ses** : Il s'agit ici du déterminant possessif et non du déterminant démonstratif.

17. **levés** : *Se lever* est un verbe accidentellement pronominal. Le pronom réfléchi *se* est ici C.O.D. L'accord du participe passé se fait avec ce pronom C.O.D., dont l'antécédent est *Colette et Francis*, masc. plur.

18. **tout** : *Tout* est ici un adverbe. Il signifie « complètement », « tout à fait ».

19. **guillerets** : L'adjectif qualificatif, ici épithète détachée, s'accorde en genre et en nombre avec ce qu'il qualifie : *Colette et Francis*, masc. plur.

20. **celle-ci** : Un pronom, ici démonstratif, prend toujours le genre et le nombre de son antécédent, ici *la journée présente*, fém. sing.

21. **eu** : Un participe passé employé avec l'auxiliaire *avoir* s'accorde en genre et en nombre avec le C.O.D. si celui-ci est placé avant. Ici, le C.O.D. est le pronom *en* : participe invariable.

22. **déneigée** : Un participe passé employé avec l'auxiliaire *avoir* s'accorde en genre et en nombre avec le C.O.D. si celui-ci est placé avant. Ici, le C.O.D. est *qu'* (antécédent : *la voiture*), fém. sing., placé avant le participe.

23. **montrée** : *Se montrer* est un verbe accidentellement pronominal. Le pronom réfléchi *se* est ici C.O.D. L'accord du participe passé se fait avec ce pronom C.O.D., dont l'antécédent est *elle,* fém. sing.

24. **préparé** : *Se préparer* est un verbe accidentellement pronominal. Le pronom réfléchi *se* est ici C.O.I. Il n'y a pas de C.O.D. placé avant. Donc, le participe passé reste invariable.

25. **privés** : Un participe passé employé avec l'auxiliaire *être* s'accorde en genre et en nombre avec le sujet du verbe. Ici, le sujet est *la tante et le neveu*, masc. plur.

26. **vus** : Un participe passé employé avec l'auxiliaire *avoir* suivi d'un infinitif s'accorde en genre et en nombre avec le C.O.D. si ce C.O.D. est placé avant et fait l'action exprimée par l'infinitif. Cherchons d'abord le C.O.D. Avoir vu quoi ? *qu'* (antécédent : *les gens*). Font-ils l'action de « se désespérer » ? Oui, alors accord avec le C.O.D., masc. plur.

27 et 28. quelque nourriture : Il s'agit ici du déterminant indéfini *quelque*, qui a le sens de « une quelconque » : singulier.

29. **juré** : *Se jurer de* est un verbe accidentellement pronominal. Le pronom réfléchi *se* est ici C.O.I. Il n'y a pas de C.O.D. placé avant. Donc, le participe passé reste invariable.

30. **pareille** : L'adjectif qualificatif épithète s'accorde avec le nom auquel il se rapporte : *cohue*, fém. sing.

31. **c'** : Il s'agit ici du pronom démonstratif *c'*, que l'on peut remplacer par *cela*.

32. **tout** : *Tout*, quoique adverbe, varie devant un adjectif féminin commençant par une consonne ou un « h » aspiré. Ici, l'adjectif féminin commence par une voyelle. Donc, *tout* reste invariable.

33. **quoique** : Il s'agit ici de la conjonction *quoique*, qui a le sens de « bien que ».

34. **épinards** : Le sens commande le pluriel.

35 et 36. **vert foncé** : Un adjectif composé employé pour désigner la couleur est toujours invariable.

37. **tout** : *Tout* est ici un adverbe. Il signifie « complètement », « tout à fait ».

38. **droit** : Un adjectif employé comme adverbe est toujours invariable.

39. **Quelquefois** : Il s'agit ici de l'adverbe *quelquefois*, qui a le sens de « parfois ».

40. **vu** : Un participe passé employé avec l'auxiliaire *avoir* s'accorde en genre et en nombre avec le C.O.D. s'il est placé avant. Ici, le C.O.D. est le pronom *en* : participe invariable.

41. **y compris** : Cette locution placée avant le groupe du nom joue le rôle d'une préposition : invariable.

42. **avait** : Le sujet *la perspective*, 3e pers. du sing., est placé par inversion après le verbe.

43. **effrayées** : Un participe passé employé avec l'auxiliaire *avoir* s'accorde en genre et en nombre avec le C.O.D. si celui-ci est placé avant. Ici, le C.O.D. est *qu'* (antécédent : *les quelques **résidantes** de l'endroit*), fém. plur. placé avant le participe.

44. **Passé** : Placé avant le groupe du nom, le participe passé *passé* joue le rôle d'une préposition : invariable.

45. **améliorée** : *S'améliorer* est un verbe accidentellement pronominal. Le pronom réfléchi *s'* est ici C.O.D. L'accord du participe passé se fait avec ce pronom C.O.D., dont l'antécédent est *la situation*, fém. sing.

46. **intacts** : L'adjectif qualificatif, ici attribut du C.O.D., s'accorde en genre et en nombre avec le nom dont il est l'attribut *les **abords** du lac*, masc. plur.

47. **donné** : *Se donner rendez-vous* est une locution verbale pronominale. Le participe passé reste toujours invariable.

48. **toute** : *Tout*, quoique adverbe, varie devant un adjectif féminin commençant par une consonne ou un « h » aspiré. Ici, l'adjectif féminin *dernière* commence par une consonne. Donc, *toute*.

49. **gorgés** : *Se gorger de* est un verbe accidentellement pronominal. Le pronom réfléchi *se* est ici C.O.D. L'accord du participe passé se fait avec ce pronom C.O.D., dont l'antécédent est *bon nombre de skieurs*, masc. plur.

50. **rangeront** : Le sujet est ici la locution adverbiale de quantité *bon nombre*, qui est de sens pluriel.

4

TEXTE À CORRIGER

UNE COURSE INHABITUELLE

Ce matin même a lieu l'ultime épreuve du circuit de compétition de vélo de montagne. Nous sommes à **quelques** jours de décembre et, depuis **quelque** temps déjà, les érables et les peupliers brandissent **leurs** bras **morbides** dans la grisaille automnale. Une fine couche de neige a recouvert **plates-bandes** et **sous-bois**.

Le site de compétition se trouve au pied d'une station de ski. On **a** emprunté aux sentiers des skieurs de fond le parcours **où allait** se dérouler la course des vélos tout terrain. Le décor d'un blanc immaculé laissait les spectateurs bouche bée. Les concurrents, eux, déchantèrent vite à la vue du tracé de l'épreuve, **parsemé** d'immenses flaques de **boue**. La neige, par **endroits**, avait même **transformé** la piste en une rivière de **gadoue** dégoûtante et frigorifique.

Combien de **coureurs auraient** voulu imaginer des **voies** de contournement à ces malencontreux obstacles ? Pourtant, **quelle qu'**ait été leur hésitation, tous, finalement, se résignèrent à souffrir au nom de la **beauté** sauvage de ce sport. Dans l'heure **précédant** l'épreuve, on **vit** se présenter le cortège bigarré des cyclistes. **Leurs couleurs flamboyantes** les **annonçaient** de loin. Les uns portaient des vestes **orange**, les autres se faisaient remarquer par leurs survêtements lilas. Tout un éventail de tons **jade**, pourpres et **citron** se **déployait** joyeusement. **Certains** avaient déjà au fond des yeux la détermination aveugle de tout faire pour remporter la palme. D'autres, n'ayant pu éviter la traditionnelle beuverie du samedi soir, **avaient** la mine basse et amochée. Les vétérans, eux, **forts** de leur expérience, souriaient, **détendus**. Mais, **quoi qu'**il en soit, au signal du départ, la plupart **empoignèrent** nerveusement **leur guidon chromé** tout en serrant fébrilement leurs cale-pied.

L'épreuve fut de taille. La froidure, **combinée** à la boue et à la gadoue, **fit** en sorte de couvrir rapidement de **glace** le cadre des bicyclettes. Le phénomène eut l'effet néfaste de geler les freins et le dérailleur. Souvent, des **concurrents**, forcés par l'**adversité** des sentiers à descendre de selle, **durent** effectuer une partie du parcours à pied. Malgré quelques éraflures et **autres contretemps**, la course se déroula sans coup férir. Le plaisir masochiste des coureurs connut son paroxysme à la ligne d'arrivée. Tous éprouvèrent alors une grande joie. Peu se **souciaient** des rangs d'**arrivée**, chacun sortant **grandi** de l'épreuve. Les poignées de **main** de félicitations affluaient de toutes parts. Ce qu'on lisait sur les visages des cyclistes, c'était le bonheur de l'accomplissement.

SOUVENEZ-VOUS :

1. quelques : Il s'agit ici du déterminant *quelques*, qui a le sens de « plusieurs » : pluriel.

2. quelque : Il s'agit ici du déterminant *quelque*, qui a le sens de « un certain » : singulier.

3 et 4. leurs bras **morbides** : Ici, forcément il y en a plusieurs : chaque peuplier brandit ses bras morbides.

5 et 6. plates-bandes et **sous-bois** : Ce sont là des noms composés et, comme tels, ils exigent la présence d'un trait d'union.

7. a : Il faut supprimer le « n' » puisqu'il n'y a ici aucune négation.

8. où : Il s'agit ici du pronom relatif *où* (antécédent : *le parcours*), qui s'écrit toujours avec un accent.

9. allait : Le sujet *se dérouler la course...*, 3e pers. du sing., est placé par inversion après le verbe.

10. parsemé : Le participe passé employé comme adjectif s'accorde avec le nom auquel il se rapporte : *tracé de l'épreuve*, masc. sing.

11. boue : Le sens commande le singulier : *boue* est un nom indénombrable.

12. endroits : Le sens commande le pluriel : il n'y a pas qu'un seul endroit où la neige...

13. transformé : Un participe passé employé avec l'auxiliaire *avoir* s'accorde en genre et en nombre avec le C.O.D. si celui-ci est placé avant. Ici, le C.O.D., *la piste*, est placé après : participe invariable.

14. gadoue : Le sens commande le singulier : *gadoue* est un nom indénombrable.

15. coureurs : Le complément d'une locution adverbiale de quantité est toujours pluriel.

16. auraient : Le sujet est ici la locution adverbiale de quantité *combien de*, suivie d'un complément : *coureurs*. Le verbe s'accorde avec ce complément.

17. **voies** : Attention ici à la confusion homophonique.

18. **quelle que** : Il s'agit ici de la locution *quel que*, en deux mots, qui se place immédiatement devant le verbe *être*. *Quel* prend alors le genre et le nombre du sujet du verbe *être* : *leur hésitation*, fém. sing.

19. **beauté** : Ce nom exprime l'état de ce qui est beau : la finale est *-té*.

20. **précédant** : Il s'agit ici d'un participe présent puisque *précédant* a un C.O.D.

21. **vit** : Il s'agit ici du verbe *voir* au passé simple, 3ᵉ pers. du sing.

22, 23 et 24. **Leurs couleurs flamboyantes** : Chaque cycliste portait des couleurs flamboyantes.

25. **annonçaient** : Les verbes en *-cer* prennent une cédille sous le « c » devant les voyelles « a » et « o ».

26, 27 et 28. **orange**, **jade** et **citron** : Un nom employé pour désigner la couleur reste toujours invariable (les vêtements sont de la couleur de l'orange, du jade et du citron).

29. **déployait** : Ici, le sens exige l'accord du verbe avec *éventail* et non avec *tons* : c'est l'éventail qui se déployait, et non les tons. Donc, accord au singulier.

30. **Certains** : Le pronom indéfini *certains* prend toujours un « s » lorsqu'il est de sens pluriel.

31. **avaient** : Le sujet est *d'autres*, séparé par un écran.

32. **forts** : L'adjectif qualificatif mis en apposition s'accorde avec le nom auquel il est apposé : *les vétérans*, masc. plur.

33. **détendus** : Le participe passé employé comme adjectif s'accorde avec le nom auquel il se rapporte : *les vétérans*, masc. plur.

34. **quoi qu'** : Il s'agit ici du pronom relatif indéfini *quoi que*, en deux mots, qui a le sens de « quelle que soit la chose que ».

35. **empoignèrent** : Le sujet est ici la locution adverbiale de quantité *la plupart*, qui entraîne l'accord du verbe au pluriel.

36, 37 et 38. **leur guidon chromé** : Chaque bicyclette a son guidon chromé.

39. **combinée** : Le participe passé employé comme adjectif s'accorde avec le nom auquel il se rapporte : *la froidure*, fém. sing.

40. **fit** : Le sujet est *la froidure*, séparé par un écran.

41. **glace** : Le sens commande le singulier : *glace* est un nom indénombrable.

42. **concurrents** : Attention à cette orthographe : deux « r ».

43. **adversité** : Ce nom exprime l'état de ce qui est adverse : la finale est *-té*.

44. **durent** : Le sujet est *des concurrents*, séparé par un écran.

45 et 46. autres contretemps : Le sens commande le pluriel : il y eut certainement beaucoup d'« autres contretemps ». De plus, ici pas de trait d'union pour *contretemps*.

47. souciaient : Le sujet est ici l'adverbe de quantité *peu*, qui est de sens pluriel.

48. arrivée : Attention à cette finale : *-ée*.

49. grandi : Le participe passé employé comme adjectif s'accorde avec le nom ou le pronom auquel il se rapporte *chacun*, masc. sing.

50. main : L'usage veut que le nom *main* s'écrive au singulier dans *une poignée de main, des poignées de main*.

5

TEXTE À CORRIGER

UNE JOURNÉE À MONTRÉAL

La publicité s'est faite **racoleuse**, les soldes n'ont jamais été aussi fantastiques! Comment résister à un magasinage si prometteur? Surtout quand le permis de conduire **s'est** concrétisé depuis peu. Nathalie et Julie aimeraient bien en profiter. Obtenir la permission de **leurs parents** est une chose, mais obtenir aussi la permission d'utiliser la voiture familiale, ça, **c'**est autre chose! Il faut croire que les deux sœurs ont su **s'y** prendre puisque voilà près d'une heure et **demie qu'elles** roulent en direction de Montréal.

En cette année mille neuf **cent** quatre-vingt-quatorze, mai est généreux. Tous les signes **avant-coureurs** de l'été **sont** là: le soleil ruisselle et les bourgeons éclatent. La nature **tout** entière s'est **mise** à l'unisson de la joie qui déferle dans le cœur des deux filles. La musique à **tue-tête**, les visages **rayonnants** de plaisir **témoignent** éloquemment du caractère unique de **cette** échappée vers la grande ville.

Et chacune de rêver. «Je trouverai sûrement des bermudas **crème**. Avec ma nouvelle blouse **orangée** à larges fleurs **vert pâle**, ce sera parfait! Et pourquoi pas une jupe? Dans les **mêmes** tons évidemment. **Quelquefois**, il se vend des bijoux dans les couleurs **mêmes** des vêtements qu'on a **achetés**. S'il me reste de l'argent, je pourrais ...», songe Nathalie.

Julie, **quant** à elle, ne pense qu'à Pierre-Luc. Comment lui plaire? Préférerait-il les chemisiers bleus aux polos **pêche**? Justement, ils sortent **ensemble** vendredi prochain. Son cœur s'emballe. Feindre l'indifférence, elle ne **s'y résout** pas. Pourquoi feindre quand il est si simple de laisser s'épanouir de doux sentiments?

Mais, trêve de rêveries! Voici le pont Champlain sur lequel on **n'**entend que de tristes commentaires. Roger Laroche ne **tarit** pas de recommandations à son sujet. Alors, prudence!

Pour les jeunes Forestoises, les **gratte-ciel** de la rue University sont aussi **impressionnants** que lors de leur première visite. Les yeux **grands ouverts**, elles surveillent à gauche et à droite. Le boulevard René-Lévesque est à droite : elles s'y engagent. Bientôt, le complexe Desjardins. Stationner la voiture, prendre l'ascenseur et se retrouver au niveau des boutiques semblait impossible, plus tôt ce matin, et pourtant elles sont bien là.

Quelle direction prendre ? Sans y prendre garde, **tout** émerveillées par l'éventail de couleurs qui s'offre à elles, Nathalie et Julie se sont **précipitées** dans la première boutique **venue**. Puis, dans une deuxième... Et soudain, c'est la surprise ! Elles sont perdues. **Qu'elles** tournent en rond depuis une **demi-heure** ne fait plus **aucun doute**. Pourtant, elles sont bien entrées par là et ensuite **ressorties** par là. Nathalie est **toute** honteuse et **tout** humiliée. Sa cadette l'est tout autant. Quelle exaspération est la leur ! La jeune vendeuse qu'elles ont **consultée** a été, **plutôt** qu'une aide, une nouvelle source de **divergence**. La direction à prendre, **quelle qu'elle** soit, fait l'objet d'une discussion plus qu'orageuse. Bientôt, il faudra partir : Rock Forest est à **quelque** cent trente kilomètres et elles ont promis de rentrer aussitôt leurs emplettes **terminées**. Il faut qu'elles se décident et vite. Elles iront par là. Et, bien sûr, c'est l'évidence ! Comment ont-elles pu s'affoler ainsi ?

SOUVENEZ-VOUS :

1. racoleuse : L'orthographe de ce mot ne prend qu'un seul « c ».

2. s' : Il s'agit ici du pronom *se*, du verbe pronominal *se concrétiser*.

3 et 4. leurs parents : Chacune des filles a ses parents.

5. c' : Il s'agit ici du pronom démonstratif *c'*, que l'on peut remplacer par *cela*.

6. s'y : Il s'agit ici du pronom personnel *se* (du verbe pronominal *se prendre*) suivi du pronom personnel *y*, (antécédent : *leurs parents*).

7. demie : Placé après un nom, *demi* s'accorde avec ce nom en genre seulement.

8. **qu'elles** : Il s'agit ici de la conjonction *que* suivi du pronom personnel *elles*, sujet du verbe.

9. **cent** : Le déterminant numéral *cent* est invariable, sauf s'il est multiplié et s'il n'est pas suivi d'un autre déterminant numéral.

10. **avant-coureurs** : Cet adjectif composé prend un trait d'union et contient un élément qui s'accorde : l'adjectif *coureur*.

11. **sont** : Le sujet est ici *tous les signes avant-coureurs de l'été*, 3ᵉ pers. du plur.

12. **tout** : *Tout*, quoique adverbe, varie devant un adjectif féminin commençant par une consonne ou un « h » aspiré. Ici, l'adjectif féminin commence par une voyelle. Donc, *tout* reste invariable.

13. **mise** : *Se mettre à* est un verbe accidentellement pronominal. Le pronom réfléchi *se* est ici C.O.D. L'accord du participe se fait avec ce pronom C.O.D., dont l'antécédent est *la nature*..., fém. sing.

14. **tue-tête** : Le sens de l'expression *à tue-tête* est « au point de tuer la tête, de casser la tête ». *Tue* est ici le verbe *tuer* à la 3ᵉ pers. du sing.

15. **rayonnants** : Il s'agit ici de l'adjectif verbal *rayonnant* suivi d'un complément de l'adjectif.

16. **témoignent** : Le sujet est ici *les visages*, 3ᵉ pers. du plur., séparé par un écran.

17. **cette** : Un déterminant, ici démonstratif, prend le genre et le nombre du nom qu'il détermine : *échappée*, fém. sing.

18. **crème** : Un nom employé pour désigner la couleur reste toujours invariable (les vêtements sont de la couleur de la crème).

19. **orangée** : Un adjectif simple employé pour désigner la couleur s'accorde en genre et en nombre avec le nom auquel il se rapporte : *blouse*, fém. sing.

20. **vert pâle** : Un adjectif composé employé pour désigner la couleur est toujours invariable.

21. **mêmes** : *Même* est ici un adjectif indéfini qui marque la similitude, l'identité. Puisqu'il est adjectif, il prend le genre et le nombre du nom auquel il se rapporte : *tons*, masc. plur.

22. **quelquefois** : Il s'agit ici de l'adverbe *quelquefois*, qui a le sens de *parfois*.

23. **mêmes** : *Même* est ici un adjectif indéfini qui marque l'insistance. Puisqu'il est adjectif, il prend le genre et le nombre du nom auquel il se rapporte : *couleurs*, fém. plur.

24. **achetés** : Un participe passé employé avec l'auxiliaire *avoir* s'accorde en genre et en nombre avec le C.O.D. si celui-ci est placé avant. Ici, le C.O.D. est *qu'* (antécédent : *les vêtements*), masc. plur., placé avant le participe.

25. **quant** : Il s'agit ici de l'introducteur *quant à* qui signifie « en ce qui concerne ».

26. **pêche** : Un nom employé pour désigner la couleur reste toujours invariable (les vêtements sont de la couleur de la pêche).

27. **ensemble** : *Ensemble* est un adverbe. Il est donc invariable.

28. s'y : Il s'agit du pronom personnel *se* (du verbe pronominal *se résoudre*) suivi du pronom personnel *y* (antécédent : *feindre l'indifférence*).

29. résout : Les verbes en *-soudre* ne conservent le « d » que devant « r », donc qu'au futur et au conditionnel. À la 3ᵉ pers. du sing. du présent de l'indicatif, la finale est donc « t ».

30. n' : Il faut voir ici la locution verbale de négation *ne... que* et, ainsi, ne pas céder à la tentation de penser que le « n » est seulement celui de la liaison avec *on*.

31. tarit : Il s'agit du verbe *tarir*, 2ᵉ groupe, dont les terminaisons au présent de l'indicatif sont *-s*, *-s*, *-t* aux trois premières personnes du singulier.

32. gratte-ciel : Quand un nom composé est formé d'un verbe et d'un nom, seul le nom varie. Cependant, ici, le sens s'oppose à l'accord du nom : les immeubles sont si hauts qu'ils grattent « le » ciel.

33. impressionnants : L'adjectif verbal, attribut du sujet, prend le genre et le nombre du nom duquel il est l'attribut, ici *Les gratte-ciel...*, masc. plur.

34. grands ouverts : L'adjectif *grand*, bien qu'il soit adverbe dans l'adjectif composé *grand ouvert*, varie en genre et en nombre. Ici, l'adjectif composé s'accorde avec *les yeux*, masc. plur. De plus, notez l'absence du trait d'union.

35. tout : *Tout*, quoique adverbe, varie devant un adjectif féminin commençant par une consonne ou un « h » aspiré. Ici, l'adjectif féminin commence par une voyelle. Donc, *tout* reste invariable.

36. précipitées : *Se précipiter* est un verbe accidentellement pronominal. Le pronom réfléchi *se* est ici C.O.D. L'accord du participe se fait avec ce pronom C.O.D., dont l'antécédent est *Nathalie et Julie*, fém. plur.

37. venue : Le participe passé employé comme adjectif s'accorde avec le nom auquel il se rapporte : *la première boutique*, fém. sing.

38. Qu'elles : Il s'agit ici de la conjonction *que* suivie du pronom personnel *elles*, sujet du verbe.

39. demi-heure : Placé devant un nom, *demi* est toujours invariable et soudé au nom par un trait d'union.

40 et 41. aucun doute : *Aucun* est toujours singulier, sauf si le nom qu'il détermine ne s'emploie qu'au pluriel (ex. : *aucuns frais*). Le mot *doute* peut s'employer au singulier, donc : *aucun doute*.

42. ressorties : Il y a ici ellipse : « *ensuite **elles sont bien** ressorties par là* ». Un participe passé employé avec l'auxiliaire *être* s'accorde en genre et en nombre avec le sujet du verbe. Ici, le sujet est *elles*, fém. plur.

43. toute : *Tout*, quoique adverbe, varie devant un adjectif féminin commençant par une consonne ou un « h » aspiré. Ici, l'adjectif féminin *honteuse* commence par un « h » aspiré. Donc, *toute*.

44. tout : *Tout*, quoique adverbe, peut varier devant un adjectif féminin commençant par une consonne ou un « h » aspiré. Ici, l'adjectif féminin *humiliée* commence par un « h » muet. Donc, *tout* reste invariable.

45. consultée : Un participe passé employé avec l'auxiliaire *avoir* s'accorde en genre et en nombre avec le C.O.D. si celui-ci est placé avant. Ici, le C.O.D. est *qu'* (antécédent : *La jeune vendeuse*), fém. sing., placé avant le participe.

46. plutôt : Il s'agit ici de l'adverbe *plutôt*, qui signifie « au lieu ».

47. divergence : La finale est toujours la même : *divergence*.

48. quelle que : Il s'agit ici de la locution *quel que*, en deux mots, qui se place immédiatement devant le verbe *être*. Quel prend alors le genre et le nombre du sujet du verbe *être : elle*.

49. quelque : Il s'agit ici de l'adverbe *quelque*, qui a le sens de « environ ».

50. terminées : Le participe passé employé comme adjectif s'accorde avec le nom auquel il se rapporte *emplettes*, fém. plur.

6

TEXTE À CORRIGER

ÉVALUATION FORMATIVE des pages 228 et 229

UNE GRANDE AVENTURE

Le départ est pour bientôt, enfin! Cette excursion au cœur de contrées sauvages, Yves et Jacques y ont **rêvé** pendant tout l'hiver. Ils s'y sont **préparés** avec une minutie qui en a **étonné** plus d'un. L'itinéraire est décidé, la séquence des étapes, **planifiée**. Dans une semaine, ils pourront se procurer tout ce **dont** ils ont besoin à la boutique de plein air. Ah! cette boutique, combien souvent ils l'ont **fréquentée**! Sa **proximité** leur permet de **s'y** rendre fréquemment, de s'y attarder tout à loisir pour y meubler leurs rêves et fouetter leurs désirs. Pourtant, il **leur** faut tout choisir avec le plus grand soin : ils doivent faire le moins de dépenses **possible**.

À chacune de leurs visites, nos intrépides, dignes **arrière-petits-fils** de nos coureurs de bois, s'extasient sans fin devant les progrès **accomplis** par la science mise au service de l'amant de la nature. **Aucun sport**, qui ne se **trouve** soudain **enrichi** de nouvelles trouvailles, d'ingénieux gadgets! **Sollicité** de toutes parts, le consommateur ne sait souvent **où** donner de la tête et... du portefeuille.

Jacques, à la grande joie de Yves, **ne** s'y retrouve que fort mal dans l'éventail des tissus **synthétiques** servant à la fabrication de blousons et de **sacs de couchage**. Yves, par contre, **s'y** connaît mieux. Il prend le temps de s'interroger sur l'**utilité** de **chaque produit**, tandis que son compagnon est **davantage** attiré par les coloris phosphorescents. **Quoi qu'**il en soit de leurs goûts et de leurs préférences, **tous** deux se sont toujours **entendus** quant aux priorités à retenir concernant l'équipement requis pour leur excursion. Il **leur** faut ce **qu'il** y a de meilleur. Une fois la qualité du produit **inspectée** par Yves, Jacques choisit la couleur et le style.

«Ces **sacs à dos** sont robustes et à l'épreuve des **intempéries**, constate Yves, ils nous seront précieux en tout temps.

— Nous avons le choix entre les tons **jade** et **bleu de nuit**, **inventorie** Jacques.

— Prenons chacun une couleur différente au cas où nous ne **pourrions** les distinguer. S'il nous arrivait de les confondre, il faut qu'au premier coup d'œil nous les **différenciions** », de trancher l'expert.

À la suite de tous ces pourparlers où l'un **s'en** remet aux avis de l'autre, ces messieurs sont **fin prêts**. Désormais, il ne **leur** reste plus qu'à jouir des avantages **offerts** par la qualité de leur équipement.

Qu'ils décident d'explorer une rivière en canot ou qu'ils s'enhardissent à escalader **monts** et **cimes**, Yves et Jacques seront toujours bien équipés. Lorsqu'on dépend entièrement de son matériel, on doit pouvoir **s'en** remettre à lui en toute confiance, **quels que soient** les imprévus qui se **présentent**. Et des imprévus, dans cette aventure, il n'en manquera pas !

SOUVENEZ-VOUS :

1. **rêvé** : Un participe passé employé avec l'auxiliaire *avoir* s'accorde en genre et en nombre avec le C.O.D. si celui-ci est placé avant. Ici, il n'y a pas de C.O.D. (on rêve à quelque chose) : participe invariable.

2. **préparés** : *Se préparer* est un verbe accidentellement pronominal. Le pronom réfléchi *se* est ici C.O.D. L'accord du participe passé se fait avec ce pronom, dont l'antécédent est *Yves et Jacques*, masc. plur.

3. **étonné** : Un participe passé employé avec l'auxiliaire *avoir* s'accorde en genre et en nombre avec le C.O.D. si celui-ci est placé avant. Ici, le C.O.D. (*plus d'un*) est placé après : participe invariable.

4. **planifiée** : Il y a ici ellipse : ... *la séquence des étapes est* planifiée. Un participe passé employé avec l'auxiliaire *être* s'accorde en genre et en nombre avec le sujet du verbe. Ici, le sujet est *la séquence des étapes*, fém. sing.

5. **dont** : Il faut utiliser ici le pronom relatif « dont », puisque l'antécédent est un C.O.I. : ils ont besoin de quoi ? *De* ces choses.

6. **fréquentée** : Un participe passé employé avec l'auxiliaire *avoir* s'accorde en genre et en nombre avec le C.O.D. si celui-ci est placé avant. Ici, le C.O.D. est *l'* (antécédent : *cette boutique*), fém. sing., placé avant le participe.

7. **proximité** : Ce nom exprime l'état de ce qui est proche : la finale est *-té*.

8. **s'y** : Il s'agit ici du pronom personnel *s'* (du verbe pronominal *se rendre*) suivi du pronom personnel *y* (antécédent : *la boutique*).

9. leur : *Leur*, pronom personnel, renvoie à un antécédent au pluriel. Il est toujours invariable.

10. possible : Avec *le plus, le moins, le meilleur*, etc., *possible* est invariable lorsqu'il ne se rapporte pas au nom qui le précède. Ici, c'est « le moins » qui est possible, et non l'inverse. On peut en effet faire une inversion : *le moins possible de dépenses*. Donc, invariabilité.

11. arrière-petits-fils : *Arrière* est ici un adverbe. Il est donc invariable.

12. accomplis : Le participe passé employé comme adjectif s'accorde avec le nom auquel il se rapporte : *les progrès*, masc. plur.

13 et 14. Aucun sport : *Aucun* est toujours singulier, sauf si le nom qu'il détermine ne s'emploie qu'au pluriel (ex. : *aucuns frais*). Le mot *sport* peut s'employer au singulier, donc : *aucun sport*.

15. trouve : Le sujet est le pronom *qui* 3e pers. du sing. à cause de son antécédent : *Aucun sport*.

16. enrichi : Le participe passé employé comme adjectif, ici attribut du C.O.D., s'accorde en genre et en nombre avec le nom dont il est l'attribut : *se* (antécédent : *Aucun sport*), masc. sing.

17. Sollicité : Le participe passé employé comme adjectif mis en apposition s'accorde en genre et en nombre avec le nom auquel il est apposé : *le consommateur*, masc. sing.

18. où : *Où*, adverbe interrogatif de lieu, s'écrit toujours avec un accent.

19. ne : Il faut voir ici la locution adverbiale de négation *ne... que*.

20. synthétiques : L'orthographe exige un « h » : synthétique.

21. sacs de couchage : Ce nom composé s'écrit sans traits d'union.

22. s'y : Il s'agit ici du pronom personnel *s'* (du verbe pronominal *se connaître*) suivi du pronom personnel *y* (antécédent : *tissus synthétiques*).

23. utilité : Ce nom exprime l'état de ce qui est utile : la finale est *-té*.

24 et 25. chaque produit : Le sens commande le singulier : *chaque* ne peut jamais prendre la marque du pluriel.

26. davantage : Il s'agit ici de l'adverbe *davantage*, qui a le sens de « plus ».

27. Quoi qu' : Il s'agit ici du pronom relatif indéfini *quoi que*, en deux mots, qui a le sens de « quelle que soit la chose que ».

28. tous : *Tout* est ici un déterminant indéfini. Il prend le genre et le nombre du nom ou du pronom qu'il détermine. Ici, il détermine le pronom *deux*, masc. plur. à cause du référent, Jacques et Yves.

29. entendus : *S'entendre* est un verbe essentiellement pronominal. Le pronom réfléchi *se* est ici sans fonction logique. L'accord du participe passé se fait avec le sujet : *tous deux*, masc. plur.

30. leur : Il s'agit ici du pronom personnel *leur*, qui renvoie à un antécédent au pluriel *tous deux*. Il est toujours invariable.

31. qu'il : Il faut ici reconnaître la locution pronominale *ce que*. Le sens est : « Il faut **ce** (pronom démonstratif ayant le sens de « les choses ») **qu'** (pronom relatif) il y a de meilleur ».

32. inspectée : Le participe passé employé comme adjectif s'accorde avec le nom auquel il se rapporte : *la qualité*, fém. sing.

33. sacs à dos : Ce nom composé s'écrit sans traits d'union.

34. intempéries : La finale est *-ie : intempérie*.

35. jade : Un nom employé pour désigner la couleur reste toujours invariable (les tons sont de la couleur du jade).

36. bleu de nuit : Un adjectif composé employé pour désigner la couleur est toujours invariable.

37. inventorie : Le verbe *inventorier* au présent de l'indicatif, 3e pers. du singulier, prend la finale *-e*. Les terminaisons des verbes du 1er groupe au présent de l'indicatif sont toujours les mêmes : *-e, -es, -e, -ons, -ez, -ent.*

38. pourrions : Le verbe « pouvoir » prend toujours deux « r » au conditionnel présent.

39. différenciions : Le verbe « différencier » au subjonctif présent, 1re pers. du pluriel, prend la finale *-ions*. Le « i » de cette finale vient s'ajouter au « i » du radical : *différenci-*.

40. s'en : Il s'agit du pronom personnel *s'* (du verbe pronominal *se remettre*) suivi du pronom personnel *en* (« de cela »).

41 et 42. fin prêts : L'adjectif *fin*, devenu adverbe dans l'adjectif composé *fin prêt*, reste invariable. Cependant, l'adjectif *prêt*, ici attribut du sujet, s'accorde avec le sujet : *ces messieurs*, masc. plur. De plus, notez l'absence de trait d'union.

43. leur : Il s'agit ici du pronom personnel *leur* qui renvoie à un antécédent au pluriel (*ces messieurs*). Il est toujours invariable.

44. offerts : Le participe passé employé comme adjectif s'accorde avec le nom auquel il se rapporte : *des avantages*, masc. plur.

45 et 46. monts et **cimes** : Le sens commande le pluriel.

47. s'en : Il s'agit du pronom personnel *s'* (du verbe pronominal *se remettre*) suivi du pronom personnel *en* (« de cela »).

48. quels que : Il s'agit ici de la locution *quel que*, en deux mots, qui se place immédiatement devant le verbe *être*. Quel prend alors le genre et le nombre du sujet du verbe *être : les imprévus*, masc. plur.

49. soient : Le sujet, *les imprévus*, 3e pers. du plur., est placé par inversion après le verbe.

50. présentent : Le sujet est le pronom *qui* 3e pers. du pluriel à cause de son antécédent : *les imprévus*.

7

TEXTE À CORRIGER

Daytona Beach, 14 février ...

Chers vous autres,

Au moment **où** j'écris, vous et moi habitons **aux** deux pôles. Parions que près d'une fenêtre enneigée, plus d'un parmi vous **bûche** sur un exercice de grammaire, alors que moi, touriste chanceuse, je suis **étendue** sur une des chaises longues qui **entourent** la piscine.

De ce petit carré d'eau à la mer, il n'y a que la plage au sable **durci**, où nombre de voitures roulent aussi à l'aise que sur les **grands** boulevards. Mais à Dieu ne plaise! Ni automobiles, ni motos, ni bicyclettes ne passent devant le motel qui, comme moi, se **dore** au soleil.

Quel luxe! Un balcon, une baie **claire**, un grand lit, un bon fauteuil, une salle de bain... pourtant, le cinquième de toutes **ces** choses aurait **suffi** à mon bonheur.

Lire en paix en respirant l'air marin ou contempler l'interminable (*O.L.) **va-et-vient** des vagues à la crête d'**écume** me procurent une détente parfaite.

À Daytona Beach, les chauds **rayons** solaires, ce trésor retrouvé, sont moins **accablants** qu'à Fort Lauderdale, puisque je suis à trois cent **vingt** kilomètres au nord. Je m'y trouve bien, **quoiqu'**on accuse (*O.L.) **volontiers** l'océan d'être trop **glacial**.

Rien **n'**est plus faux : nombre de ceux qui triomphent des premiers frissons de la douche **matinale trouvent** l'eau de mer tiède. Dommage! La plupart, qui jugent les bains d'océan trop **froids**, se **privent** d'un sport idéal pour la santé. Et souvent, le peu d'exercice qu'ils font **leur** est néfaste.

Si le doute vous effleure, pourquoi ne pas faire le même voyage ? Plus d'un en est **tenté**, **avouez** !

Car le peu de jeunes qui n'en **rêveraient** pas est quantité négligeable. C'est moi qui vous le **dis** : le

jeune débrouillard tout comme le petit bedonnant aux idées folles y **trouvent** leur profit. Combien

sont déjà en train de faire leur valise ? Mais finissez d'abord l'exercice !

À bientôt !

Christiane Gagné

Christiane Gagné,

votre professeure maintenant à la retraite.

SOUVENEZ-VOUS :

1. **où** : Il s'agit ici du pronom relatif *où* (antécédent : *le moment*), qui s'écrit toujours avec un accent.

2. **aux** : Le déterminant article défini contracté prend le genre et le nombre du nom qu'il détermine : *pôles*, masc. plur.

3. **bûche** : Le sujet est ici une locution adverbiale de quantité *plus de* suivi d'un complément *un*. Le verbe s'accorde avec ce complément.

4. **étendue** : Un participe passé employé avec l'auxiliaire *être* s'accorde en genre et en nombre avec le sujet du verbe. Ici, le sujet est *je*, fém. sing.

5. **entourent** : Le sujet est le pronom *qui*, 3e pers. du pluriel à cause de son antécédent : *les chaises longues*. Il n'y a pas « une » chaise qui entoure la piscine.

6. **durci** : Le participe passé employé comme adjectif s'accorde avec le nom auquel il se rapporte : *sable*, masc. sing.

7. **grands** : L'adjectif qualificatif épithète s'accorde avec le nom auquel il se rapporte : *boulevards*, masc. plur.

8. **dore** : Le sujet est le pronom *qui*, 3e pers. du sing. à cause de son antécédent : *le motel*. De plus, lorsque deux sujets sont unis par *comme*, *ainsi que*, *de même que*, le verbe s'accorde avec le premier sujet si *comme* a une valeur comparative et non additive. Notez que dans ce cas le second sujet est le plus souvent encadré par des virgules.

9. **claire** : L'adjectif qualificatif épithète s'accorde avec le nom auquel il se rapporte : *baie*, fém. sing.

10. **ces** : Il s'agit ici du déterminant démonstratif et non du déterminant possessif.

11. **suffi** : Un participe passé employé avec l'auxiliaire *avoir* s'accorde en genre et en nombre avec le C.O.D. si celui-ci est placé avant. Ici, le verbe *suffire* ne peut avoir de C.O.D. : le participe est invariable.

12. va-et-vient : Ce nom composé prend des traits d'union.

13. écume : Le sens commande le singulier : *écume* est un nom indénombrable.

14. rayons : Il s'agit ici d'un nom pluriel.

15. accablants : L'attribut du sujet s'accorde avec le sujet du verbe : *les chauds rayons solaires*, masc. plur. Ici, *accablant* est bel et bien un adjectif, et non un participe présent.

16. vingt : Le déterminant numéral *vingt* est invariable, sauf s'il est multiplié et n'est pas suivi d'un autre déterminant numéral (*quatre-vingts*, mais *quatre-vingt-un*).

17. quoiqu' : Il s'agit ici de la conjonction *quoique*, qui a le sens de *bien que*.

18. volontiers : L'orthographe est toujours la même : volontier**s**.

19. glacial : L'adjectif qualificatif attribut du sujet s'accorde en genre et en nombre avec le sujet, ici *l'océan*, masc. sing.

20. n' : Les pronoms indéfinis négatifs *personne*, *rien*, *aucun*, *nul* s'emploient avec la particule négative *ne*.

21. matinale : L'adjectif qualificatif épithète s'accorde avec le nom auquel il se rapporte : *la douche*, fém. sing.

22. trouvent : Le sujet est ici la locution adverbiale de quantité *nombre de* suivie d'un complément : *ceux*. Le verbe s'accorde avec ce complément.

23. froids : L'adjectif qualificatif attribut du C.O.D. s'accorde en genre et en nombre avec le nom dont il est l'attribut, ici *les **bains** d'océan*, masc. plur.

24. privent : Le sujet est ici la locution adverbiale de quantité *la plupart*, qui commande l'accord du verbe au pluriel.

25. leur : Il s'agit ici du pronom personnel *leur* qui renvoie à un antécédent au pluriel (*ils*). Il est toujours invariable.

26. tenté : Un participe passé employé avec l'auxiliaire *être* s'accorde en genre et en nombre avec le sujet du verbe. Le sujet est ici la locution adverbiale de quantité *plus de* suivie d'un complément : *un*. Le verbe, tout comme le participe passé, s'accorde avec ce complément.

27. avouez : Nous sommes au mode impératif, 2e pers. du pluriel.

28. rêveraient : Le sujet est le pronom *qui*, dont l'antécédent est *le peu de* suivi du complément *jeunes*. Le verbe s'accorde avec le complément, car il est ici possible de supprimer *le peu de*, qui a le sens de « les quelques », sans changer le sens de la phrase.

29. dis : Le sujet est le pronom *qui*, 1re pers. du sing. à cause de son antécédent : *moi*.

30. trouvent : Lorsque deux sujets sont unis par *comme*, *ainsi que*, *de même que*, le verbe s'accorde avec les deux sujets si *comme* a une valeur additive.

8

TEXTE À CORRIGER

LES JEUNES QUI PLANTAIENT DES ARBRES

Personne **n'**aurait pu prédire que nous en serions là, encore une fois! Tout comme l'été dernier, nous revoilà à Fort Francis dans le nord de l'**Ontario** pour y planter des arbres. **Quoi que** vous en pensiez, c'est un travail exaltant. La multitude d'expériences reliées à la vie de camp **permet** à chacun d'y trouver son compte.

Nul d'entre nous **ne** s'attendait à tant de plaisir. Se lever avec le soleil au matin pour affronter, **tel** un défi, une journée de plus au bois et revenir avec la pénombre, **tels** des **cowboys** valeureux, semble anodin aux yeux de quiconque n'a jamais **goûté** de **pareilles fiertés**. Combien **pénibles** ont été les brèves périodes de découragement! Mais combien **fructueuses** elles furent en enseignements sur **nous-mêmes**! Souvent, de tous les encouragements prodigués, les paroles les plus dures étaient **celles** qui nous motivaient le plus. Le jour suivant nous **trouvait** le sourire aux lèvres, **toute** ardeur **revenue**.

Par ce que cette vie au grand air a de vivifiant, elle permet aux planteurs de se refaire une santé. La plantation et ses **à-côtés** donnent aussi naissance à une fraternité des plus solide. En effet, combien d'amitiés indéfectibles **ont** pris naissance sur ces chantiers!

Ces deux facteurs et toutes les anecdotes **possibles s'y** rattachant font de la plantation d'**arbres** une expérience inoubliable. Le tout sert de plus une bonne cause. Au rythme **effarant auquel** se détériore la planète, pourquoi ne pas faire quelques tentatives de sauvetage? Quoi de mieux, dans **cette** perspective, que de donner vie à un **nouvel** écosystème d'**où naîtra**, nous l'espérons tous, un environnement régénéré. **Quelque** minimes que soient les gestes posés, ils valent **davantage**, à nos yeux, que ce honteux gaspillage de nos ressources.

Notons d'**ailleurs** que ce travail est suffisamment rémunérateur pour nous inciter à le poursuivre. Dès les premiers jours de juillet, **c'**en sera fait du contrat. Quant au reste de l'été, **aussitôt** leur liberté recouvrée, vous imaginez bien la fiesta que s'**organisent** les nouveaux vacanciers. Tous retournent alors à leur emploi ou à leur activité préférée. Que ce soit Alain qui **courra** les terrasses comme garçon de café, que ce soit Bernard qui gardera la piscine, tous peuvent maintenant profiter **sans** remords des bienfaits de la civilisation : ils ont fourni leur part d'**efforts**.

SOUVENEZ-VOUS :

1. **n'** : Les pronoms indéfinis négatifs *personne*, *rien*, *aucun*, *nul* s'emploient avec la particule négative *ne*.

2. **Ontario** : *Ontario*, nom propre, prend toujours la majuscule.

3. **Quoi que** : Il s'agit ici du pronom relatif indéfini *quoi que*, en deux mots, qui a le sens de « quelle que soit la chose que ».

4. **permet** : Quand le sujet est un nom collectif singulier (ici : *La multitude*) suivi d'un complément, le verbe se met au singulier si le nom collectif est déterminé par un article défini (ici : *La*).

5. **Nul** : Le pronom indéfini *nul* s'emploie au masculin singulier dans tous les cas où il ne renvoie pas explicitement à un féminin ou à un pluriel.

6. **ne** : Les pronoms indéfinis négatifs *personne*, *rien*, *aucun*, *nul* s'emploient avec la particule négative *ne*.

7. **tel** : *Tel*, non suivi de *que*, s'accorde avec le nom qui le suit, *défi*, masc. sing.

8. **tels** : *Tel*, non suivi de *que*, s'accorde avec le nom qui le suit, *des cowboys valeureux*, masc. plur.

9. **cowboys** : Ce nom prend la marque du pluriel.

10. **goûté** : Un participe passé employé avec l'auxiliaire *avoir* s'accorde en genre et en nombre avec le C.O.D. si celui-ci est placé avant. Ici, le C.O.D., *de pareilles fiertés* est placé après : participe invariable.

11 et 12. **pareilles fiertés** : Le sens est pluriel : « des pareilles fiertés ». *Fierté* se met au pluriel et l'adjectif qui le qualifie, *pareille*, en fait autant. De plus, *fierté* signifie « état de ce qui est fier ». La finale est *-té*.

13. **pénibles** : L'adjectif qualificatif attribut du sujet s'accorde en genre et en nombre avec le sujet, ici *les brèves* périodes *de découragement*, fém. plur.

14. **fructueuses** : L'adjectif qualificatif attribut du sujet s'accorde en genre et en nombre avec le sujet, ici *elles*, fém. plur.

15. **nous-mêmes** : *Même*, adjectif indéfini, marque ici l'insistance. Il prend le nombre du pronom personnel auquel il se joint par un trait d'union.

16. **celles** : Un pronom, ici démonstratif, prend toujours le genre et le nombre de son antécédent, ici *les paroles les plus dures*, fém. plur

17. **trouvait** : Le sujet est *Le jour suivant*, 3e pers. du sing., séparé par un écran.

18. **toute** : *Tout* est ici un déterminant indéfini. Comme tel, il s'accorde en genre et en nombre avec *ardeur,* fém. sing.

19. **revenue** : Le participe passé employé comme adjectif s'accorde avec le nom auquel il se rapporte : *toute ardeur*, fém. sing.

20. **par ce** : Il s'agit ici de *par ce que*, préposition + pronom démonstratif + pronom relatif. Son sens est «par tout ce que».

21. **à-côtés** : Dans ce mot composé, le nom *côté* varie.

22. **ont** : Le sujet est ici la locution adverbiale de quantité *combien de* suivie d'un complément : *amitiés indéfectibles*. Le verbe s'accorde avec ce complément.

23. **possibles** : *Possible* se rapporte ici au nom *anecdotes*. Il est donc adjectif et s'accorde avec ce nom, qui est fém. plur.

24. **s'y** : Il s'agit ici du pronom personnel *se* (du verbe pronominal *se rattacher*) suivi du pronom personnel *y* (antécédent : *la plantation d'arbres*).

25. **arbres** : Le sens commande le pluriel.

26. **effarant** : L'adjectif verbal *effarant* fait sa finale en *-ant*.

27. **auquel** : Il faut utiliser ici le pronom relatif *auquel*, puisque l'antécédent est un C.C. : la planète se détériore comment? à *un rythme effarant*, masc. sing.

28. **cette** : Un déterminant, ici démonstratif, prend le genre et le nombre du nom qu'il détermine : *perspective*, fém. sing.

29. **nouvel** : L'adjectif qualificatif épithète s'accorde avec le nom auquel il se rapporte : *un écosystème*, masc. sing.

30. **où** : Il s'agit ici du pronom relatif *où* (antécédent : *un nouvel écosystème*), qui s'écrit toujours avec un accent.

31. **naîtra** : Le sujet est *un environnement regénéré*, 3e pers. du sing., placé par inversion après le verbe.

32. **quelque** : Il s'agit ici de l'adverbe *quelque... que*, qui encadre l'adjectif *minimes*. Il a le sens de «si... que». Il est invariable.

33. **davantage** : Il s'agit ici de l'adverbe *davantage*, qui a le sens de «plus».

34. **d'ailleurs** : *Ailleurs* prend toujours un «s».

35. **c'** : Il s'agit ici du pronom démonstratif *c'* que l'on peut remplacer par «cela».

36. aussitôt : Il s'agit de l'adverbe *aussitôt*, qui a le sens de « dès ».

37. organisent : Le sujet est *les nouveaux vacanciers*, 3e pers. du plur., placé par inversion après le verbe.

38. courra : Il s'agit ici du futur simple. Or, *courir*, prend deux « r » au futur et au conditionnel.

39. sans : Il s'agit ici de la préposition *sans*, qui exprime l'absence, le manque.

40. efforts : Le sens commande le pluriel.

9

TEXTE À CORRIGER

SÉRÉNITÉ ET BEAUTÉ

Dans le **clair-obscur** du matin, la lumière de l'aube **point** à l'horizon. Lentement, elle déchiquette les ombres de la nuit. Sur le lac apparaît alors une vie nouvelle **où** les premières lueurs du soleil **déploient** avec douceur de longs sentiers de reflets argentés. Soudain, un vent léger se lève, trouant la brume qui, par **endroits**, se morcelle en fins lambeaux. Les feuilles **habillées** de rosée du jeune érable qui **croît** près du quai s'**allument** et **étincellent**. **Bientôt**, la lumière atteindra **tous** les recoins d'ombre. La vie renaîtra, **éclatante**. Dans l'air **béni** de ce matin de juillet, les arbres **flamboient** et leurs cimes **ondoient** doucement dans le vent déjà chaud.

Loin de la cohue urbaine, comme il **est** agréable de **s'y** reposer! On **n'**a qu'à monter dans la voiture : notre maison dans les arbres est tout **près**. Trente et un **kilomètres** qu'on **parcourt** le cœur léger, **tout ragaillardi** à la pensée d'une vie accordée à notre rythme, nous **séparent** de ce havre de paix. **S'y** rendre le plus souvent possible est devenu pour Nicole et Serge une question de survie. Davantage ils y vont et **davantage** ils sont heureux. Les oiseaux qu'on **y** a **entendus** chanter, les sources qu'on a **senties frémissantes** sous le pied habitent la mémoire, nourrissent, si besoin est, notre désir d'y revenir au **plus tôt**. On **n'**y trouve que repos: longues heures **baignées** de soleil à flâner sur la grève, paresseuses baignades dans l'eau **claire**. Puis, gavé de chaleur et **à demi somnolent**, on grimpe le raide escalier qui nous **mène** à la maison. Sa fraîche pénombre, qu'**enveloppent**, presque amoureusement, les arbres centenaires, nous **accueille tels** des naufragés.

Pour Serge, c'était là un des sites les plus enchanteurs qu'il **ait vus**. On imagine **quelle** admirable patience il a **fallu** pour que, pendant des milliers d'années, se **rassemblent**, en cet endroit précis, les matériaux nécessaires à sa réalisation. Sur cette rive où nous sommes se **nichent**, dans leur écrin d'arbres et de buissons, les maisons. De l'autre côté, face à nous, **plongent** dans l'eau profonde les rochers aux parois abruptes. Que d'années, que de travail **a coûtés** à la nature **cet** acharnement à faire de ce lieu ce paysage grandiose !

SOUVENEZ-VOUS :

1. **clair-obscur** : Il s'agit ici d'un nom composé formé de deux adjectifs réunis par un trait d'union.

2. **point** : Les verbes en *-indre* ne conservent le « d » que devant « r », donc qu'au futur et au conditionnel. À la 3e pers. du sing. de l'indicatif présent, la finale est donc « t ».

3. **où** : Il s'agit ici du pronom relatif *où* (antécédent : *sur le lac*), qui s'écrit toujours avec un accent.

4. **déploient** : Les verbes en *-oyer*, comme déployer, changent l'« y » en « i » devant un « e » muet.

5. **endroits** : Le sens commande le pluriel.

6. **habillées** : Le participe passé employé comme adjectif s'accorde avec le nom auquel il se rapporte : *Les feuilles*, fém. plur.

7. **croît** : Les verbes en *-oître* gardent toujours l'accent circonflexe sur le « i » du radical devant « t ».

8. **s'allument** : Le sujet est *Les feuilles...*, 3e pers. du plur., séparé par un écran.

9. **étincellent** : Le sujet est *Les feuilles...*, 3e pers. du plur., séparé par un écran.

10. **Bientôt** : Il s'agit ici de l'adverbe *bientôt* qui signifie « dans peu de temps ».

11. **tous** : *Tout* est ici déterminant indéfini et s'accorde donc avec le nom auquel il se rapporte : *les recoins d'ombre*, masc. plur.

12. **éclatante** : Un adjectif verbal mis en apposition s'accorde avec le nom auquel il est apposé : *la vie*, fém. sing.

13. **béni** : Il s'agit ici du participe passé *béni* (« protégé par Dieu ») et non du participe passé ou adjectif *bénit* (« consacré par une cérémonie liturgique »).

14. et 15. **flamboient et ondoient** : Les verbes en *-oyer*, comme flamboyer et ondoyer, changent l'« y » en « i » devant un « e » muet.

16. **est** : Il s'agit ici de la 3e pers. du sing. de l'indicatif présent du verbe *être*.

    | TRUC | Remplacer *est* par *était*.

17. **s'y** : Il s'agit ici du pronom personnel *se* (du verbe pronominal *se reposer*) suivi du pronom personnel *y* (« là »).

18. n' : Il faut voir ici la locution verbale de négation *ne... que* et, ainsi, ne pas céder à la tentation de penser que le « n » qu'on entend est celui de la liaison avec *on*.

19. près : Il s'agit ici de l'adverbe *près*, qui a le sens de « proche ».

20. kilomètres : Le déterminant numéral trente et un impose le pluriel.

21. parcourt : Il s'agit ici de la 3ᵉ pers. du sing. de l'indicatif présent du verbe *parcourir* dont les terminaisons aux trois premières personnes du singulier sont *-s*, *-s*, *-t*.

22. tout : *Tout* est ici un adverbe. Il signifie « complètement », « tout à fait ». Il ne varie que devant une consonne ou un « h » aspiré.

23. ragaillardi : Le participe passé de *ragaillardir* est *ragaillardi*. Le participe passé employé comme adjectif mis en apposition s'accorde avec le nom ou le pronom auquel il est apposé, ici *on*, masc. sing.

24. séparent : Le sujet est *trente et un kilomètres*, 3ᵉ pers. du plur., séparé par un écran.

25. S'y : Il s'agit ici du pronom personnel *se* (du verbe pronominal *se reposer*) suivi du pronom personnel *y* (« là »).

26. davantage : Il s'agit ici de l'adverbe *davantage*, qui a le sens de « plus ».

27. y : Il faut supprimer ici la particule négative que rien ne justifie.

28. entendus : Un participe passé employé avec l'auxiliaire *avoir* suivi d'un infinitif s'accorde en genre et en nombre avec le C.O.D. si ce C.O.D. fait l'action exprimée par l'infinitif. Cherchons d'abord le C.O.D. *Avoir entendu* quoi ? *qu'* (antécédent : *les oiseaux*, masc. plur.) ». Les oiseaux peuvent-ils faire l'action de chanter ? Oui : accord du participe passé.

29. senties : Un participe passé employé avec l'auxiliaire *avoir* s'accorde en genre et en nombre avec le C.O.D. si celui-ci est placé avant. Ici, le C.O.D. est *qu'* (antécédent : *les sources*), féminin pluriel, placé avant le participe.

30. frémissantes : L'adjectif verbal attribut du C.O.D. prend le genre et le nombre du nom duquel il est l'attribut, ici *les sources...*, fém. plur.

31. plus tôt : Il s'agit ici du contraire de *plus tard*. Donc, deux mots.

32. n' : Il faut voir ici la locution verbale de négation *ne... que* et, ainsi, ne pas céder à la tentation de penser que le « n » qu'on entend est celui de la liaison avec *on*.

33. baignées : Le participe passé employé comme adjectif s'accorde avec le nom auquel il se rapporte : *longues heures*, fém. plur.

34. claire : L'adjectif qualificatif épithète s'accorde avec le nom auquel il se rapporte : *l'eau*, fém. sing.

35. à demi : Il s'agit ici de la locution adverbiale « à demi » qui n'est pas suivie d'un trait d'union.

| TRUC | Remplacer *à demi* par *presque*.

36. somnolent : Il s'agit ici de l'adjectif verbal, qui présente une finale en *-ent* différente de celle en *-ant* du participe présent. L'adjectif verbal mis en apposition s'accorde avec le nom ou le pronom auquel il est apposé, ici *on*, masc. sing.

37. mène : Le sujet est le pronom *qui*, 3ᵉ pers. du singulier à cause de son antécédent *le raide escalier*.

38. enveloppent : Le sujet est *les arbres centenaires*, 3ᵉ pers. du plur., placé par inversion après le verbe.

39. accueille : Le sujet est *Sa fraîche pénombre*, 3ᵉ pers. du sing., séparé par un écran.

40. tels : *Tel*, non suivi de *que*, s'accorde avec le nom qui le suit, *des naufragés*, masc. plur.

41. ait : Il s'agit ici de la 3ᵉ pers. du sing. du subjonctif présent du verbe *avoir*.

> TRUC Remplacer *ait* par *eût*.

42. vus : Un participe passé employé avec l'auxiliaire *avoir* s'accorde en genre et en nombre avec le C.O.D. si celui-ci est placé avant. Ici, le C.O.D. est *qu'* (antécédent : *les sites les plus enchanteurs*), masc. plur., placé avant le participe.

43. quelle : *Quel*, déterminant exclamatif, s'accorde avec le nom auquel il se rapporte : *patience*, fém. sing.

44. fallu : Le participe passé d'un verbe impersonnel est toujours invariable.

45. rassemblent : Le sujet est *les matériaux nécessaires à sa réalisation*, 3ᵉ pers. du plur., placé par inversion après le verbe.

46. nichent : Le sujet est *les maisons*, 3ᵉ pers. du plur., placé par inversion après le verbe.

47. plongent : Le sujet est *les rochers aux parois abruptes*, 3ᵉ pers. du plur., placé par inversion après le verbe.

48. a : Le sujet est *cet acharnement...*, 3ᵉ pers. du sing., placé par inversion après le verbe.

49. coûtés : Le participe passé du verbe *coûter* employé au sens figuré s'accorde en genre et en nombre avec le C.O.D. si celui-ci est placé avant. Ici, le C.O.D. est *Que d'années, que de travail*, masc. plur., placé avant le participe.

50. cet : Un déterminant, ici démonstratif, prend le genre et le nombre du nom qu'il détermine : *acharnement*, masc. sing.

10

TEXTE À CORRIGER

NUAGE...

Quelles que soient les choses qu'elle **ait** pu raconter, il ne fallait surtout pas la croire! **Quelquefois**, il vaudrait mieux se taire **plutôt** que de raconter pareilles sottises. Quoi? Elle s'était **autorisée** à révéler ses intentions de se porter candidat au poste? **Quelle** fourberie! Antoine n'arrivait tout simplement pas à concevoir comment Martine avait pu se **montrer** aussi indiscrète.

Oui, bien sûr, pourquoi le nier maintenant, il avait pensé un moment présenter sa candidature. Mais, c'était là une intention et, **toute** précise qu'elle **fût**, méritait–elle qu'on lui **accordât** cette importance? Que non! Ah! comme il **s'en** voulait d'avoir confié cela à Martine! Il se voyait maintenant **sollicité**, **encouragé** et n'était plus **tout à fait** certain de pouvoir, de vouloir **même**, assumer cette responsabilité.

Martine et lui s'étaient **connus** à la fin de **leurs** études **secondaires** et s'étaient plu **tout de suite**. Ils s'étaient **juré** de tout se dire. Souvent, ils s'étaient **confié leurs craintes** et s'étaient **réconfortés** mutuellement. Bien sûr, ils étaient très **différents**. Antoine, **plutôt** taciturne, **sans s'en** rendre compte, imperceptiblement, avait vite envié à Martine son espièglerie et sa **spontanéité**. Et, maintenant, cette spontanéité et cette espièglerie **mêmes**, **par ce qu'**elles avaient d'irrespectueux, le **faisaient** souffrir. Contre elle, de la colère, il en avait **accumulé** à un point tel que leur amitié lui semblait à tout jamais **compromise**.

Martine, quant à elle, ne comprenait pas pourquoi Antoine faisait un si grand mystère d'une chose qui lui semblait si banale. De plus, il était fait pour ce poste, en avait **envie**. De lui avoir, de cette façon, forcé un peu la main lui avait semblé au contraire un service à lui rendre. Il semblait si fâché! Pour l'amadouer, comment **s'y** prendre? Elle avait vu **clair** en lui, pensait-elle. Et, **quoiqu'**il refuse maintenant de l'admettre, il reconnaîtra **bientôt** qu'elle a **eu** raison.

Ah! malentendu, quand tu nous tiens! La soirée, **quelque** orageuse qu'elle puisse être, est **attendue** avec impatience par les deux **parties**. Ah, oui! ses arguments, Antoine les a bien **pesés**. Des paroles aigres-douces, il en a **préparé** tout un choix. Martine, de son côté, s'est **persuadée** qu'elle l'amènera à de meilleurs sentiments. Il est intelligent, il comprendra vite que **ce n'**était là que fine stratégie...

Comment pensez-vous que cette soirée, remplie de tous les cris et de tous les reproches **possibles**, s'est **terminée**? Eh! bien, ce fut comme dans les romans : leur amour fut le plus fort!

SOUVENEZ-VOUS :

1. **Quelles que** : Il s'agit ici de la locution *quel que*, en deux mots, placée immédiatement devant le verbe *être*. Quel prend alors le genre et le nombre du sujet du verbe *être : les choses*, fém. plur.

2. **ait** : Il s'agit ici de la 3ᵉ pers. du sing. du subjonctif présent du verbe *avoir*.

   | TRUC | Remplacer *ait pu raconter* par *eût pu raconter*.

3. **Quelquefois** : Il s'agit ici de l'adverbe *quelquefois*, qui a le sens de « parfois ».

4. **plutôt** : Il s'agit ici de l'adverbe *plutôt*, qui signifie « au lieu ».

5. **autorisée** : *S'autoriser* est un verbe accidentellement pronominal. Le pronom réfléchi *se* est ici C.O.D. L'accord du participe passé se fait avec ce pronom C.O.D., fém. sing. à cause de son antécédent *elle*.

6. **Quelle** : Il s'agit ici du déterminant exclamatif *quelle*, qui s'accorde avec le nom auquel il se rapporte : *fourberie*, fém. sing.

7. **montrer** : Lorsqu'un verbe suit un autre verbe, il est toujours à l'infinitif.

   | TRUC | Remplacer le verbe par *vendre*.

8. **toute** : *Tout*, quoique adverbe, varie devant un adjectif féminin commençant par une consonne ou un « h » aspiré. Ici, l'adjectif féminin *précise* commence par une consonne. Donc, *toute*.

9. **fût** : Il s'agit ici du subjonctif imparfait. Le subjonctif est exigé par la locution « tout... que ».

10. **accordât** : Il s'agit toujours du subjonctif imparfait. Le subjonctif est exigé par le verbe *mériter*.

11. **s'en** : Il s'agit du pronom personnel *se* (du verbe pronominal *se vouloir*) suivi du pronom personnel *en* (« de cela »).

12. **sollicité** : Le participe passé employé comme adjectif attribut du C.O.D. s'accorde avec le nom ou le pronom duquel il est l'attribut, ici *se* (antécédent : *il*) », masc. sing.

13. **encouragé** : Le participe passé employé comme adjectif attribut du C.O.D. s'accorde avec le nom ou le pronom duquel il est l'attribut, ici *se* (antécédent : *il*) », masc. sing.

14. **tout à fait** : Cette locution s'écrit sans traits d'union.

15. **même** : *Même* est ici adverbe et signifie « aussi » : invariable.

16. **connus** : *Se connaître* est un verbe accidentellement pronominal. Le pronom réfléchi *se* est ici C.O.D. L'accord du participe passé se fait avec ce pronom C.O.D. dont l'antécédent est *Martine et lui*, masc. plur.

17. **leurs** : Un déterminant, ici possessif, prend le genre et le nombre du nom qu'il détermine : *études*, fém. plur.

18. **secondaires** : Un adjectif qualificatif épithète s'accorde en genre et en nombre avec le nom auquel il se rapporte : *études*, fém. plur.

19. **tout de suite** : Cette locution s'écrit sans traits d'union.

20. **juré** : *Se jurer de* est un verbe accidentellement pronominal. Le pronom réfléchi *se* est ici C.O.I. Le participe passé reste invariable.

21. **confié** : *Se confier* est un verbe accidentellement pronominal. Le pronom réfléchi est ici C.O.I. Le participe passé reste invariable.

22 et 23. **leurs craintes** : Le sens commande le pluriel. Chacun avait confié ses craintes.

24. **réconfortés** : *Se réconforter* est à classer parmi les verbes pronominaux. Le pronom réfléchi *se* est ici C.O.D. L'accord du participe passé se fait avec ce pronom C.O.D., dont l'antécédent est *Martine et lui*, masc. plur.

25. **différents** : La finale de cet adjectif est *-ent*.

26. **plutôt** : Il s'agit ici de l'adverbe *plutôt*, qui signifie « assez ».

27. **sans** : Il s'agit ici de la préposition *sans*, qui exprime une absence, un manque.

28. **s'en** : Il s'agit ici du pronom personnel *se* (du verbe pronominal *se rendre compte*) suivi du pronom personnel *en* (antécédent : *de cela*).

29. **spontanéité** : Ce nom exprime l'état de ce qui est spontané : la finale est *-té*.

30. **mêmes** : *Même* est ici un adjectif indéfini. Il marque ici l'insistance. Puisqu'il est adjectif, il prend le genre et le nombre des noms auxquels il se rapporte : *cette spontanéité et cette espièglerie*, fém. plur.

31. **par ce qu'** : Il s'agit ici de *Par ce que*, préposition + pronom démonstratif + pronom relatif. Il a le sens de « par tout ce que ».

32. **faisaient** : Le sujet est *cette spontanéité et cette espièglerie mêmes*, 3e pers. du plur., séparé par un écran.

33. **accumulé** : Un participe passé employé avec l'auxiliaire *avoir* s'accorde en genre et en nombre avec le C.O.D. si celui-ci est placé avant. Ici, le C.O.D. est le pronom *en* : participe invariable.

34. **compromise** : Un participe passé employé comme adjectif attribut du sujet (*sembler* étant un verbe d'état) s'accorde en genre et en nombre avec le sujet du verbe, ici *leur amitié*, fém. sing.

35. **envie** : Il s'agit ici du nom *envie*, employé dans la locution verbale *avoir envie de*, et non du nom *envi*, qui ne s'emploie que dans la locution adverbiale *à l'envi*.

36. **s'y** : Il s'agit ici du pronom personnel *se* (du verbe pronominal *se prendre*) suivi du pronom personnel *y* (« pour cela »).

37. **clair** : L'adjectif *clair* est ici devenu adverbe : il ne varie pas.

38. **quoiqu'** : Il s'agit ici de la conjonction *quoique*, qui a le sens de « bien que ».

39. **bientôt** : Il s'agit ici de l'adverbe *bientôt*, qui signifie « dans peu de temps ».

40. **eu** : Il s'agit ici de la locution verbale *avoir raison* au mode indicatif et au passé composé.

41. **quelque** : Il s'agit ici de l'adverbe *quelque... que*, qui encadre l'adjectif *orageuse*. Il a le sens de « si... que ». Il est invariable.

42. **attendue** : Un participe passé employé avec l'auxiliaire *être* s'accorde en genre et en nombre avec le sujet du verbe. Ici, le sujet est *La soirée*, fém. sing.

43. **parties** : Il s'agit ici du nom *partie :* « personne participant à un débat ».

44. **pesés** : Le participe passé du verbe *peser*, employé au sens figuré, s'accorde en genre et en nombre avec le C.O.D. si celui-ci est placé avant. Ici, le C.O.D. est *les* (antécédent : *ses arguments*), masc. plur., placé avant le participe.

45. **préparé** : Un participe passé employé avec l'auxiliaire *avoir* s'accorde en genre et en nombre avec le C.O.D. si celui-ci est placé avant. Ici, le C.O.D. est placé après *tout un choix*. Donc, participe invariable.

46. **persuadée** : *Se persuader* est est un verbe accidentellement pronominal. Le pronom réfléchi *se* est ici C.O.D. L'accord du participe passé se fait avec ce pronom C.O.D., dont l'antécédent est *Martine*, fém. sing.

47. **ce** : Il s'agit ici du pronom démonstratif que l'on peut remplacer par « cela ».

48. **n'** : Il faut voir ici la locution verbale de négation *ne... que*.

49. **possibles** : *Possible* se rapporte ici au nom *reproches*. Il est alors adjectif et s'accorde donc avec *reproches*, masc. plur.

50. **terminée** : *Se terminer* est est un verbe accidentellement pronominal. Le pronom réfléchi *se* est ici C.O.D. L'accord du participe passé se fait avec ce pronom C.O.D., dont l'antécédent est *cette soirée*, fém. sing.

11

TEXTE À CORRIGER

ALEXANDRA

Nul **n'**est plus imprévisible que notre fille Alexandra. **Quelle que** soit son humeur, on **n'**a, avec elle, jamais de répit. À quinze ans et **demi**, elle réclame, **toutes** griffes dehors, ses droits et privilèges. Sa petite âme, on le devine aisément, est le siège de bien des tourments.

Samedi soir dernier, alors que les aiguilles de la grande horloge **marquaient** près de huit heures et **demie**, elle sembla **tout à coup prise** d'une étrange **langueur**. Tout **près** d'elle, le téléphone restait muet. Ne se trouvera-t-il pas, **parmi** ses amis, quelqu'un qui lui téléphonera? Le cœur lourd d'**ennui**, elle caresse distraitement Fripon, son petit chien. Lui, semble méditer... Et s'il s'**essayait** à la distraire? Il **multiplie** alors les **cabrioles**. Alexandra, devant la **drôlerie** de son caniche, laisse filtrer un sourire. Encore **quelques sauts acrobatiques**: Alexandra et lui sont **tout près** d'être heureux...

Mais, pauvre Fripon, c'est bien mal connaître le cœur humain. La mélancolie ne cédera pas **si** facilement la place. **Disposée** à se dissiper un court moment, la revoilà qui, sans crier gare, ressurgit, l'instant d'après, **triomphante**. Ah! ennui **récurrent**, quand tu nous tiens!

Alexandra soupire, soupire, prête à rendre l'âme. Enfin! **Quelle** est la raison de tant de **langueur**? **Certes**, la soirée au «Graffiti» de la semaine dernière **n'y** est pas étrangère. Des amies l'y **avaient entraînée** pour la première fois. Fermons les yeux pour une fois — **qu'en** pensez-vous? — sur le fait qu'elle **n'**avait strictement **aucun droit** d'être là. «Les cartes trafiquées, ça n'existe pas pour rien», avait-elle répliqué devant notre surprise scandalisée. Nous en étions, son père et moi, **restés** bouche bée. Notre petite fille avait subitement **grandi** et, face à cette soudaine révélation, nous nous étions **résignés** à **taire** les reproches.

Nous soupçonnions sans peine que tout un monde **s'y** était révélé à ses yeux éblouis. D'abord, la discothèque. Nous l'imaginions **enfumée**, **peuplée** d'êtres **bizarres** aux visages **blêmes**. «Vous vous trompez, avait protesté Alexandra. Je **n'y** ai vu que de beaux gars bien habillés. » Ah! bon, nous y voilà! À quoi, croyez-vous, faut-il attribuer **cet** air rêveur qu'elle nous promène depuis **quelque** temps? «De beaux gars», avait-elle affirmé. Un beau gars, on s'en doute, parmi tous les autres, **avait** volé son cœur. Déjà?

Quant à nous, parents d'un autre âge, nous en sommes **quittes** pour un sérieux coup de vieux!

SOUVENEZ-VOUS :

1. **n'** : Les pronoms indéfinis négatifs *personne*, *rien*, *aucun*, *nul* s'emploient avec la particule négative *ne*.

2. **Quelle que** : Il s'agit ici de la locution *quel que*, en deux mots, qui se place immédiatement devant le verbe *être*. Quelle prend alors le genre et le nombre du sujet du verbe *être : son humeur*.

3. **n'** : Il faut voir ici la locution verbale de négation *ne... jamais* et, ainsi, ne pas céder à la tentation de penser que le «n» qu'on entend est celui de la liaison avec *on*.

4. **demi :** Placé après un nom, *demi* s'accorde en genre seulement.

5. **toutes** : *Tout* joue ici le rôle d'un déterminant. Comme tel, il prend le genre et le nombre du nom qu'il détermine *griffes*, fém. plur.

6. **marquaient** : Le sujet est *les aiguilles*, 3e pers. du plur., séparé par un écran.

7. **demie** : Placé après un nom, *demi* s'accorde en genre seulement.

8. **tout à coup** : La locution *tout à coup* ne prend pas de traits d'union.

9. **prise** : Le participe passé employé comme adjectif attribut du sujet (*sembler* est un verbe d'état) s'accorde avec le sujet du verbe, ici *elle*, fém. sing.

10. **langueur** : La finale de ce mot est *-eur*.

11. **près** : Il s'agit ici de la locution prépositive *près de*, qui a le sens de « proche de »..

12. **parmi** : S'écrit toujours sans « s ».

13. **ennui** : Ce nom est masculin et ne prend pas de « e ».

14. **essayait** : Les verbes en *-ayer* changent « y » en « i » devant un « e » muet. Il n'y a pas ici de « e » muet : on doit conserver l'« y ».

15. **multiplie** : Il s'agit du verbe *multiplier*, 1er groupe, dont les terminaisons au présent de l'indicatif sont *-e, -es, -e* aux trois premières personnes du singulier.

16. **cabrioles** : Ce nom ne prend qu'un seul « l ».

17. **drôlerie** : Ce nom s'écrit avec un accent : dr**ô**lerie.

18. **quelques** : Il s'agit ici du déterminant indéfini *quelque*, qui a le sens de « plusieurs » : pluriel.

19. **sauts** : Le sens de *quelques* commande le pluriel.

20. **acrobatiques** : L'adjectif qualificatif épithète s'accorde avec le nom auquel il se rapporte : *quelques* sauts, masc. plur.

21. **tout** : *Tout* est ici adverbe. Il s'accorde seulement lorsque l'adjectif qui le suit est féminin et commence par une consonne ou un « h » aspiré. Il est donc invariable.

22. **près** : Il s'agit ici de la locution prépositive *près de*, qui a le sens de « proche de »

23. **si** : Il s'agit ici de *si*, adverbe, qui a le sens de « tellement ».

24. **Disposée** : Le participe passé employé comme adjectif mis en apposition s'accorde avec le nom ou le pronom auquel il est apposé : *la* (antécédent : *la mélancolie*), fém. sing.

25. **triomphante** : L'adjectif verbal mis en apposition s'accorde en genre et en nombre avec le nom ou le pronom auquel il est apposé : *la* (antécédent : *la mélancolie*), fém. sing.

26. **récurrent** : Ce mot prend un double « r ».

27. **Quelle** : *Quelle*, adjectif interrogatif attribut du sujet, s'accorde avec le sujet du verbe : *raison*, fém. sing.

28. **langueur** : Le sens impose le singulier : *langueur* est un nom indénombrable.

29. **Certes** : Ce mot prend toujours un « s ».

30. **n'y** : Il s'agit ici de l'adverbe de négation *ne* suivi du pronom personnel *y* (antécédent : *cette langueur*).

31. **avaient** : Le sujet est *Des amies*, 3e pers. du pluriel, séparé par un écran.

32. **entraînée** : Un participe passé employé avec l'auxiliaire *avoir* s'accorde en genre et en nombre avec le C.O.D. si celui-ci est placé avant. Ici, le C.O.D. est *l'* (antécédent : *Alexandra*), fém. sing., placé avant le participe.

33. **qu'en** : Il s'agit ici du pronom interrogatif *que* suivi du pronom personnel *en* (« de cela »).

34. **n'** : Les déterminants indéfinis négatifs *aucun* et *nul* doivent toujours, dans une phrase verbale, être accompagnés de la particule négative *ne*.

35 et 36. aucun droit : Le déterminant indéfini *aucun* ne se met au pluriel que si le nom qu'il détermine ne s'emploie qu'au pluriel : *aucuns frais* mais *aucun droit*.

37. restés : Un participe passé employé avec l'auxiliaire *être* s'accorde en genre et en nombre avec le sujet du verbe. Ici, le sujet est *nous* (antécédent : *Son père et moi*), masc. plur.

38. grandi : Un participe passé employé avec l'auxiliaire *avoir* s'accorde en genre et en nombre avec le C.O.D. si celui-ci est placé avant. Ici, le verbe *grandir*, verbe intransitif, ne peut avoir de C.O.D. Le participe passé reste invariable.

39. résignés : *Se résigner à* est un verbe essentiellement pronominal. Le pronom réfléchi *se* est sans fonction logique. L'accord du participe passé se fait avec le sujet *nous* (antécédent : Son père et moi), masc. plur.

40. taire : Lorsqu'un verbe suit une préposition, il est toujours à l'infinitif.

> TRUC Remplacer le verbe par *vendre*.

41. s'y : Il s'agit ici du pronom personnel *se* (du verbe pronominal *se révéler*) suivi du pronom personnel *y* (le « Graffiti »).

42. enfumée : Le participe passé employé comme adjectif attribut du C.O.D. s'accorde avec le nom duquel il est l'attribut : *l'* (antécédent : *la discothèque*), fém. sing.

43. peuplée : Le participe passé employé comme adjectif, ici attribut du C.O.D., s'accorde avec le nom duquel il est l'attribut, ici *l'* (antécédent : *la discothèque*), fém. sing.

44. bizarres : Cet adjectif prend toujours deux « r ».

45. blêmes : L'adjectif qualificatif épithète s'accorde avec le nom auquel il se rapporte : *aux visages*, masc. plur.

46. n'y : Il s'agit ici de l'adverbe de négation *ne* suivi du pronom personnel *y* (antécédent : « la discothèque »).

47. cet : Un déterminant, ici démonstratif, prend le genre et le nombre du nom qu'il détermine : *air*, masc. sing.

48. quelque : Il s'agit ici du déterminant *quelque*, qui a le sens de « un certain » : singulier.

49. avait : Le sujet est *Un beau gars*, 3ᵉ pers. du sing., séparé par un écran.

50. quittes : *Quitte* est un adjectif dont le pluriel est *quittes*. Il n'est invariable que dans certaines locutions : *quitte de* et *quitte à*.

12

TEXTE À CORRIGER

QUELQUES MOTS EN TERMINANT...

Vous voilà donc au terme de ce périlleux itinéraire! Les caprices de la langue ont été **apprivoisés** et, désormais, ne vous **causeront** plus autant d'**appréhension**.

Que d'aisance et de confiance ils ont **rendues possibles**! Que **d'avantages** ils ont **valus** à tous! Mais, les difficultés qu'**a révélées** cet ensemble de textes, **quelque inusitées** qu'on les **ait dites**, n'ont pas fini de vous **surprendre**. Car — est-ce possible? — il en existe d'**autres** que j'ai **laissées** dans l'ombre pour d'**éventuels** rendez-vous.

Si, comme certains se sont **plu** à le colporter, on pense que je n'ai rassemblé ici que les cas les plus compliqués, laissez-moi protester. Non! il y a pire. Mais, commençons par bien maîtriser ceux que je vous ai **proposés**. Ce seront là de solides assises. Il demeure que toujours il vous faudra être **vigilants quoi que** vous **écriviez**.

Quelques mauvais moments que vous ayez **traversés**, **quelques** grands efforts qu'il vous en ait **coûtés**, consolez-vous : progrès il y a eu, progrès il y aura encore. Certaines jeunes filles des Sciences humaines, **exaspérées**, ont pensé abandonner le cours. Plusieurs d'entre **elles** qu'on a **entendues** se plaindre et qu'on a **voulu** aider se sont **rebellées**. Dans un accès de fierté ou de colère — **qui** peut le dire? —, elles ont repoussé nos avances. Elles y parviendraient **elles-mêmes** et par leurs propres moyens, nous ont-elles catégoriquement affirmé.

Lorsque la connaissance **croît**, **quels que** soient les efforts investis, on ne peut que **s'en** réjouir. Tous les problèmes qu'a **présentés** cette patiente démarche ont été **résolus**. Sinon, ont été **suggérés** d'excellents moyens d'y parvenir. Bien des exercices étaient, il faut l'avouer, joliment **coriaces**. Mais alors, plus grande était la victoire. La dictée de la semaine dernière fut une des plus difficiles qu'il vous ait été **proposé** de faire. D'ailleurs, toute cette session fut, on ne peut plus, **parsemée** d'**embûches**.

Puis-je vous **affirmer**, en terminant, que mon affection pour vous **fut** constamment le guide que j'ai suivi? Peut-être allez-vous penser qu'il ne s'agit ici que de vile flagornerie. Que non! La langue française est pour moi si précieuse et si belle que de vous voir tenter **d'en** percer les mystères me **réconforte** et me **comble**.

Soyez donc heureux et que le succès soit **vôtre**!

SOUVENEZ-VOUS:

1. **apprivoisés**: Un participe passé employé avec l'auxiliaire *être* s'accorde en genre et en nombre avec le sujet du verbe. Ici, le sujet est *les **caprices** de la langue*, masc. plur.

2. **causeront**: Le sujet est *les **caprices** de la langue*, 3ᵉ pers. du plur., séparé par un écran.

3. **appréhension**: Le sens commande le singulier: on dit avoir *de* l'appréhension.

4. **rendues**: Un participe passé employé avec l'auxiliaire *avoir* s'accorde en genre et en nombre avec le C.O.D. si celui-ci est placé avant. Ici, le C.O.D. est *Que d'aisance et de confiance*, fém. plur., placé avant le participe.

5. **possibles**: *Possible* est ici un adjectif qualificatif attribut du C.O.D. Comme tel, il s'accorde en genre et en nombre avec le nom dont il est l'attribut: *Que d'aisance et de confiance*, fém. plur.

6. **d'avantages**: Il s'agit ici de la préposition *de* suivi du nom pluriel *avantages*. Le sens est «de bénéfices».

7. **valus**: Le participe passé du verbe «valoir» employé au sens figuré s'accorde en genre et en nombre avec le C.O.D. si celui-ci est placé avant. Ici, le C.O.D. est *Que d'avantages*, masc. plur., placé avant le participe.

8. **a**: Le sujet est *cet **ensemble** de textes*, 3ᵉ pers. du sing., placé après le verbe par inversion.

9. **révélées**: Un participe passé employé avec l'auxiliaire *avoir* s'accorde en genre et en nombre avec le C.O.D. si celui-ci est placé avant. Ici, le C.O.D. est *qu'* (antécédent: *les difficultés*), fém. plur., placé avant.

10. **quelque**: Il s'agit ici de l'adverbe *quelque... que*, qui encadre l'adjectif *inusitées*. Il a le sens de «si... que». Il est invariable.

11. **inusitées**: Un adjectif qualificatif attribut du C.O.D. s'accorde en genre et en nombre avec le nom dont il est l'attribut, ici *les* (antécédent: *les difficultés*), fém. plur.

12. ait : Il s'agit ici de la 3e pers. du sing. du subjonctif présent du verbe *avoir*.

> TRUC   Remplacer *ait* par *eût*.

13. dites : Un participe passé employé avec l'auxiliaire *avoir* s'accorde en genre et en nombre avec le C.O.D. si celui-ci est placé avant. Ici, le C.O.D. est *les* (antécédent : *les difficultés*), fém. plur., placé avant.

14. surprendre : Lorsqu'un verbe suit une préposition, il est toujours à l'infinitif.

> TRUC   Remplacer le verbe par *vendre*.

15. autres : Un pronom, ici indéfini, prend le genre et le nombre du nom qu'il remplace : *les difficultés*, fém. plur.

16. laissées : Un participe passé employé avec l'auxiliaire *avoir* s'accorde en genre et en nombre avec le C.O.D. si celui-ci est placé avant. Ici, le C.O.D. est *que* (antécédent : *d'autres*, mis pour « les difficultés »), fém. plur., placé avant le participe.

17. éventuels : Un adjectif qualificatif épithète s'accorde en genre et en nombre avec le nom auquel il se rapporte : *rendez-vous*, masc. plur.

18. plu : *Se plaire à* est un verbe essentiellement pronominal. Le pronom réfléchi *se* est sans fonction logique. L'accord du participe passé devrait se faire avec le sujet, mais ici, *se plaire à* est une exception : son participe passé est invariable.

19. n' : Il faut voir ici la locution de négation *ne... que*.

20. proposés : Un participe passé employé avec l'auxiliaire *avoir* s'accorde en genre et en nombre avec le C.O.D. si celui-ci est placé avant. Ici, le C.O.D. est *que* (antécédent : *ceux*, mis pour « les cas »), masc. plur., placé avant le participe.

21. vigilants : L'adjectif verbal attribut du sujet s'accorde en genre et en nombre avec le sujet du verbe, ici *vous*, masc. plur. *Vous* est effectivement le sujet du verbe *être* : « vous... être vigilants ».

22. quoi que : Il s'agit ici du pronom relatif indéfini *quoi que*, en deux mots, qui a le sens de « quelle que soit la chose que ».

23. écriviez : *Quoi que* commande toujours l'emploi du mode subjonctif.

24. Quelques : Il s'agit ici du déterminant indéfini *quelque*, employé dans une construction concessive avec le sens de « plusieurs » : pluriel.

25. traversés : Un participe passé employé avec l'auxiliaire *avoir* s'accorde en genre et en nombre avec le C.O.D. si celui-ci est placé avant. Ici, le C.O.D. est *que* (antécédent : *quelques mauvais moments*), masc. plur., placé avant le participe.

26. quelques : Il s'agit ici du déterminant indéfini *quelque*, employé dans une construction concessive avec le sens de « plusieurs » : pluriel.

27. coûtés : Le participe passé du verbe « coûter » employé au sens figuré s'accorde en genre et en nombre avec le C.O.D. si celui-ci est placé avant. Ici, le C.O.D. est *qu'* (antécédent : *quelques grands efforts*), masc. plur., placé avant le participe.

28. exaspérées : Le participe passé employé comme adjectif mis en apposition s'accorde avec le nom auquel il est apposé, ici *Certaines jeunes filles...*, fém. plur.

29. elles : Un pronom, ici personnel, prend le genre et le nombre du nom qu'il remplace : *Certaines jeunes filles...*, fém. plur.

30. entendues : Un participe passé employé avec l'auxiliaire *avoir* suivi d'un infinitif s'accorde en genre et en nombre avec le C.O.D. si ce C.O.D. est placé avant le participe et fait l'action exprimée par l'infinitif. Cherchons d'abord le C.O.D. Avoir entendu qui ? *qu'* (antécédent : *plusieurs d'entre elles*, fém. plur.). Peuvent-elles faire l'action de se plaindre ? Oui, alors accord du participe passé.

31. voulu : Un participe passé employé avec l'auxiliaire *avoir* suivi d'un infinitif s'accorde en genre et en nombre avec le C.O.D. si ce C.O.D. est placé avant le participe et fait l'action exprimée par l'infinitif. Cherchons d'abord le C.O.D. Avoir voulu quoi ? *aider*. Le C.O.D. est placé après : le participe passé reste invariable.

32. rebellées : *Se rebeller* est un verbe essentiellement pronominal. L'accord du participe passé se fait avec le sujet : *Plusieurs d'entre elles*, fém. plur.

33. qui : Il s'agit ici du pronom interrogatif *qui*.

34. elles-mêmes : *Même* est ici adjectif indéfini qui marque l'insistance. Il prend le nombre du pronom personnel auquel il se joint par un trait d'union.

35. croît : Les verbes en *-oître* conservent l'accent circonflexe sur le « i » devant « t ».

36. quels que : Il s'agit ici de la locution *quel que*, en deux mots, qui se place immédiatement devant le verbe *être*. Quel prend alors le genre et le nombre du sujet du verbe *être : les efforts investis*, masc. plur.

37. s'en : Il s'agit ici du pronom personnel *se* (du verbe pronominal *se réjouir*) suivi du pronom personnel *en* (« de cela »).

38. présentés : Un participe passé employé avec l'auxiliaire *avoir* s'accorde en genre et en nombre avec le C.O.D. si celui-ci est placé avant. Ici, le C.O.D. est *qu'* (antécédent : *tous les problèmes*), masculin pluriel, placé avant.

39. résolus : Un participe passé employé avec l'auxiliaire *être* s'accorde en genre et en nombre avec le sujet du verbe. Ici, le sujet est *tous les problèmes*, masc. plur.

40. suggérés : Un participe passé employé avec l'auxiliaire *être* s'accorde en genre et en nombre avec le sujet du verbe. Ici, le sujet est *d'excellents moyens...*, masc. plur.

41. coriaces : Un adjectif qualificatif attribut s'accorde en genre et en nombre avec le sujet du verbe. Ici, le sujet est *bien des exercices*, masc. plur.

42. proposé : Le participe passé d'un verbe impersonnel est toujours invariable.

43. parsemée : Un participe passé employé avec l'auxiliaire *être* s'accorde en genre et en nombre avec le sujet du verbe. Ici, le sujet est *toute cette session*, fém. sing.

44. **embûches** : Le sens commande le pluriel.

45. **affirmer** : Lorsqu'un verbe suit un autre verbe, il est toujours à l'infinitif.

> TRUC Remplacer le verbe par *vendre*.

46. **fut** : Il s'agit ici du passé simple de l'indicatif.

> TRUC Remplacer le passé simple par un autre temps au mode indicatif. Le passé composé, par exemple.

47. **d'en** : Il s'agit ici de la préposition *de* suivie du pronom personnel *en* (antécédent : *la langue française*).

48. **réconforte** : Le sujet est *de vous **voir** tenter...*, 3ᵉ pers. du sing., séparé par un écran.

49. **comble** : Le sujet est *de vous **voir** tenter...*, 3ᵉ pers. du sing., séparé par un écran.

50. **vôtre** : Il s'agit ici du pronom possessif *vôtre*. *Votre* est un déterminant possessif.

ÉVALUATION FINALE

ÉVALUATION FINALE

Vous trouverez ci-après trente blocs de quatre phrases chacun.
Chacun de ces blocs contient une phrase dans laquelle il s'est glissé une erreur.
Cette erreur peut être d'ordre syntaxique ou orthographique (grammaire, usage, conjugaison).

Repérez la phrase fautive et récrivez-la correctement.

Barème : 2 points pour avoir repéré la phrase fautive ;
3 points pour l'avoir récrite correctement.

1   a) *Il avait relu attentivement chaques questions.*
   b) Aucun n'est plus habile que lui.
   c) Toutes les fleurs affolées tressaillent dans le vent.
   d) Jamais je ne me plierai à ces exigences.

Il avait relu attentivement chaque question.

2   a) Le directeur avait promis de vous rencontrer.
   b) *Rien l'arrête, pas même les pires difficultés.*
   c) Ballottée entre les rires et les sanglots, la vie passe inexorablement.
   d) Je le connais : il se rendra, il concédera la victoire.

Rien ne l'arrête, pas même les pires difficultés.

3   a) *Il y a quelques temps de cela, mais je suis certain que ces affirmations sont véridiques.*
   b) Je doute qu'il croie en tout ce qu'il dit.
   c) Tout à coup, elle s'arrêta et y pensa : avait-elle bien éteint toutes les lumières ?
   d) Nous jetterons nos vieux cahiers avec joie.

Il y a quelque temps de cela, mais je suis certain que ces affirmations sont véridiques.

4   a) Marie, à qui j'ai confié mes peines, n'a rien révélé à quiconque.
   b) Les rafales d'automne dispersaient les feuilles mortes aux quatre coins du jardin.
   c) *Elle résoud tous les problèmes avec une grande facilité.*
   d) Il avait couvert la table d'une jolie nappe de coton rouge et blanc.

Elle résout tous les problèmes avec une grande facilité.

5   a) Sherbrooke est une ville dont je connais tous les recoins.
   b) *Ses sautes d'humeur de plus en plus fréquentes, sa négligeance distraite, tout contribuera à mettre le feu aux poudres.*
   c) Ce jour-là, il faisait une chaleur insupportable.
   d) Voulez-vous attendre un moment ?

Ses sautes d'humeur de plus en plus fréquentes, sa négligence distraite, tout contribuera à mettre le feu aux poudres.

6 a) Magog, où je passe tous mes étés, est au coeur d'une importante région touristique.
    b) Il est tout à fait surprenant que vous ayez réussi.
    c) Les étudiants jugeaient cette mesure trop sévère.
    d) *Même si nous avions construit une grande mangeoire pour accueillir le plus d'oiseaux possibles, ils venaient manger chacun à leur tour.*

Même si nous avions construit une grande mangeoire pour accueillir le plus d'oiseaux possible, ils venaient manger chacun à leur tour.

7 a) Ce sont des sports dont je connais les difficultés.
    b) *Nos amies les plus chers et les plus intimes, ignorent souvent nos pensées les plus secrètes.*
    c) Elle rompt avec la tradition en partant ainsi.
    d) Serait-il plus fatigant de s'astreindre, chaque jour, à une heure de gymnastique quotidienne plutôt qu'à une heure de marche ?

Nos amies les plus chères et les plus intimes ignorent souvent nos pensées les plus secrètes.

8 a) *Je souhaite qu'il voit plus clair à l'avenir.*
    b) Quelle spontanéité, quel enthousiasme dans tout ce qu'elle entreprenait !
    c) L'enfant chancelle sous le poids.
    d) L'hiver ayant été particulièrement clément, les chevreuils en étaient même arrivés à s'aventurer près de la maison.

Je souhaite qu'il voie plus clair à l'avenir.

9 a) L'avion atterrissait au milieu d'une confusion générale causée par une situation chaotique sur la piste.
    b) Nous avons rejoint toutes les personnes choisies.
    c) *Les examens que j'ai échoués ne m'ont pas empêché de vouloir poursuivre mes études.*
    d) En ce bel après-midi de printemps, le gazouillis des pinsons à gorge blanche remplissait l'air de sifflements joyeux.

Les examens auxquels j'ai échoué ne m'ont pas empêché de vouloir poursuivre mes études.

10 a) Son accueil glacé interrompit nos rires enfantins.
    b) La grève commença trois mois plus tard.
    c) *Des dizaines de milliers de roumains ont manifesté dans plusieurs villes contre le pouvoir en place.*
    d) Toutes les personnes auxquelles tu as téléphoné ont-elles accepté notre invitation pour la semaine prochaine ?

Des dizaines de milliers de Roumains ont manifesté dans plusieurs villes contre le pouvoir en place.

11 a) *Une grande mante envellopait avec beaucoup de grâce sa longue silhouette.*
    b) Il paraît que la maison des voisins est à vendre.
    c) Au concert bénéfice pour la paix, trois mille personnes assistaient au spectacle et cinq cents autres s'étaient vu refuser l'accès au stade.
    d) Il aurait fallu qu'on l'amenât pieds et poings liés sur la scène pour qu'elle chantât.

Une grande mante enveloppait avec beaucoup de grâce sa longue silhouette.

12 a) Voulez-vous annuler les rendez-vous prévus pour demain?

   b) Si je le pouvais, je vous enverrais au diable vauvert.

   c) *La direction de cette organisation craint que sa base ultramilitante n'est de sérieux doutes sur sa nouvelle*
      stratégie.

   d) La dernière fois qu'on les avait vus vivants, c'était dans la prairie où quelqu'un les avait aperçus errant en bandes
      désordonnées.

   La direction de cette organisation craint que sa base ultramilitante n'ait de sérieux doutes sur sa nouvelle
   stratégie.

13 a) Parmi tous ses collègues, cette femme est sans contredit la plus versée en astronomie.

   b) Tout avait déteint sur sa blouse.

   c) Après plusieurs heures de réunion, les participants réussirent à s'entendre sur les principaux points qu'ils avaient
      vus et discutés.

   d) *La plupart des personnes qui avait réussi au test avait suivi tous les cours offerts pendant l'année.*

   La plupart des personnes qui avaient réussi au test avaient suivi tous les cours offerts pendant l'année.

14 a) Même avec une bonne voiture, il serait certes plus prudent d'emprunter cette voie par temps incertain.

   b) *Nous irions plus vite si nous le pourrions.*

   c) Il faut que nous vainquions sans trop d'efforts.

   d) Les jeunes filles se moquaient le plus possible de tous les tabous qui régnaient dans leur entourage.

   Nous irions plus vite si nous le pouvions.

15 a) Tous les élèves attraperont froid si le chauffage est défectueux.

   b) Interdisez-lui de faire tant de bruit.

   c) *En ce printemps tardif, les cultivateurs attendaient la pluie qu'ils avaient besoin pour leurs semailles.*

   d) Les perce-neige comme les crocus ne semblent pas souffrir du gel, alors que les gueules-de-loup s'en remettent
      difficilement.

   En ce printemps tardif, les cultivateurs attendaient la pluie dont ils avaient besoin pour leurs semailles.

16 a) Aux prises avec de graves problèmes pécuniaires, elle réussissait néanmoins à subvenir aux besoins de sa famille.

   b) Nous avons dû nous rendre à l'aéroport.

   c) Je n'avais jamais vu un tel bric-à-brac : de vieilles chaises, des charrues rouillées, des piles de photos jaunies et
      d'autres objets non moins hétéroclites.

   d) *Pour ses amies, elle était la douceur et la gentillesse même, mais pour ses parents, elle était intraitable.*

   Pour ses amies, elle était la douceur et la gentillesse mêmes, mais pour ses parents, elle était intraitable.

17 a) *Malgré toutes les précautions prises, le document confidenciel s'était retrouvé entre les mains d'un journaliste.*

   b) Ils appuieraient volontiers sa candidature si cette femme se présentait.

   c) Ces deux professeurs, qui ne se ressemblent pas, rivalisent de popularité auprès des étudiants.

   d) Non seulement était-elle toute surprise de sa visite, mais elle se sentit tout émue de la voir après tant de mois.

   Malgré toutes les précautions prises, le document confidentiel s'était retrouvé entre les mains d'un journaliste.

18 a) L'honorable assemblée avait fait honneur au déjeuner.
   b) *Tu peinds d'une façon extraordinaire.*
   c) Vous ne voulez pas accepter mes conditions de vente, mais je persiste à croire que vous reviendrez sur votre décision.
   d) Quels que soient tes talents d'orateur, tu ne réussiras pas à convaincre ces partisans-là, quelque sympathiques à ta cause qu'ils soient.

Tu peins d'une façon extraordinaire.

19 a) Le dénouement de la pièce avait surpris tous les spectateurs.
   b) Il gèle à pierre fendre.
   c) *Le proverbe chinois dit « Le plus long voyage commence par le premier pas. »*
   d) Le professeur avait averti les étudiants qu'une demi-journée suffirait pour faire l'expérience, mais il lui avait fallu six heures et demie pour corriger chaque copie.

Le proverbe chinois dit : « Le plus long voyage commence par le premier pas. ».

20 a) Son esprit combatif lui permit de surmonter tous les obstacles mis sur sa route.
   b) L'équipe vaincra en dépit de ses nombreuses défaites.
   c) *Quatre-vingt pour cent des électeurs s'étaient rendus aux urnes malgré les menaces des groupes rebelles.*
   d) J'avais retrouvé dans ce tableau la couleur, la lumière et l'exactitude des détails auxquelles je m'attendais.

Quatre-vingts pour cent des électeurs s'étaient rendus aux urnes malgré les menaces des groupes rebelles.

21 a) *Nous aurions volontier accepté son aide s'il nous l'avait offerte gracieusement.*
   b) Aux nuits froides de l'hiver avaient succédé les nuits d'abord fraîches du printemps, puis celles plus tièdes de l'été.
   c) Éprise de justice, la jeune femme s'élevait contre la discrimination à l'égard des autochtones.
   d) Tous les enfants profitent des flaques d'eau pour revenir tout trempés.

Nous aurions volontiers accepté son aide s'il nous l'avait offerte gracieusement.

22 a) Son attitude, en apparence sans remords, impliquait-elle qu'on le condamne sans un procès juste et équitable ?
   b) *Il faudrait que tu courres plus vite.*
   c) Les oiseaux que j'entends chanter depuis l'aube pourraient être des merles qui nichent non loin.
   d) Les beaux jours revenus, les promeneurs envahissaient tous les coins de l'immense parc et plus d'un était venu avec son panier à pique-nique.

Il faudrait que tu coures plus vite.

23 a) Toute réflexion faite, je crois qu'il vaudrait mieux revenir à ce taux préférentiel.
   b) Loueras-tu le chalet de ta tante cet été ?
   c) *Alors qu'on attendait des dizaines et des dizaines de spectateurs, personne est venu à la pièce.*
   d) Pour le bal des sortantes, elle s'était fait faire une robe échancrée couleur lilas.

Alors qu'on attendait des dizaines et des dizaines de spectateurs, personne n'est venu à la pièce.

24 a) *Les lilas fleurissaient sur leurs branches et le muguet croîssait hardiment.*
b) Elle traduira tous les documents ci-inclus.
c) Ne faudrait-il pas récupérer tous les laissez-passer que nous avons distribués pour le dernier concert ?
d) Il serait nécessaire qu'elle voie son médecin dans les jours qui suivent.

Les lilas fleurissaient sur leurs branches et le muguet croissait hardiment.

25 a) Il lui avait offert une chaîne : symbole de son amour ou symptôme inquiétant de ses intentions, qui peut le dire ?
b) Après avoir été bénis par l'aumônier, les enfants s'étaient retirés.
c) *Bien que Maïa fut sûre de son coup, elle hésita un moment avant de se lancer à l'eau.*
d) À mi-chemin, ma tante s'était rendu compte qu'elle était partie nu-pieds.

Bien que Maïa fût sûre de son coup, elle hésita un moment avant de se lancer à l'eau.

26 a) Vous haïssiez tout ce qui pouvait ressembler à de l'injustice.
b) Madeleine effectue, elle, des recherches sur le clan de la famille de sa mère.
c) *Quelques trois cents personnes s'écrasaient contre les barrières pour acclamer quelques joueurs victorieux.*
d) Cet écrivain s'est donné un objectif ambitieux : faire aimer les gorilles de montagne.

Quelque trois cents personnes s'écrasaient contre les barrières pour acclamer quelques joueurs victorieux.

27 a) Nous nous engageâmes dans le sentier.
b) Plusieurs auraient voulu savoir qui allait être la personne choisie comme nouvelle directrice.
c) *À cause de la plainte incessante du vent, aucun des occupants ne purent s'endormir.*
d) Un tableau attira mon attention. Toutes les couleurs s'y retrouvaient pêle-mêle : des carrés moutarde, des ronds indigo et des triangles vert pomme.

À cause de la plainte incessante du vent, aucun des occupants ne put s'endormir.

28 a) *Oubliras-tu encore une fois ton parapluie ?*
b) Qu'on lui offrît une montre tout en or l'aurait étonné, mais une voiture sport décapotable, c'était là toute une surprise !
c) Les limites de vitesse ne semblaient pas inquiéter ce chauffeur de camion-citerne qui dévalait la côte à vive allure.
d) Pressé de sortir, il laissa les clés à l'intérieur, ce dont il se rendit compte trop tard.

Oublieras-tu encore une fois ton parapluie ?

29 a) Les novices avaient enfreint la loi du silence.
b) C'est peut-être une coïncidence, mais elle non plus, ce soir-là, n'est pas rentrée.
c) *Même si tu m'offres monts et merveilles, je ne peux pas rien te promettre.*
d) Que cette femme puisse devenir, un jour, présidente de son pays ne fait aucun doute.

Même si tu m'offres monts et merveilles, je ne peux rien te promettre.

30 a) *Le sous-développement est associé à la paresse des habitants quoi qu'ils travaillent quatre-vingts heures par semaine. Quelle bêtise !*

b) L'enfant faisait des fausses notes en étudiant son piano et le voisin en était excédé.

c) Les quelques fois où l'assemblée avait salué les propos de l'orateur par des applaudissements, celui-ci en était resté tout étonné.

d) Dans cette affaire, une seule consigne : ne te casse pas la tête.

Le sous-développement est associé à la paresse des habitants quoiqu'ils travaillent quatre-vingts heures par semaine. Quelle bêtise !

NOTES

NOTES